続々 社寺を参拝して、絵馬コレクション

東 禹彦

東京図書出版

は じ め に

　『社寺を参拝して、絵馬コレクション』を2014年に出版し、『続　社寺を参拝して、絵馬コレクション』を2020年に出版しました。

　今回は『続々　社寺を参拝して、絵馬コレクション』となります。最近2、3年間はコロナ禍のために旅行も自由にできず、主として近隣の神社、仏閣の絵馬を掲載することとなりました。残念なことです。しかし、前著の読者からはいくつか絵馬をお送り頂き、遠隔地の絵馬を掲載することができました。大変有り難いことだと感謝しています。本邦には神社だけでも7万以上もあります。寺院もそれ以上あるかもしれません。ただし、絵馬を授与しない施設も多数ありますが、それでも全ての絵馬を集めることは不可能です。

　絵馬を分類することを試みていますが、前2著でも、今回も分類の基準が異なっています。共通しているのは絵馬の形、馬の絵馬、干支の絵馬、仏像を描いた絵馬とか一部に限られています。分類も難しいものです。

　神社、仏閣に因んだ絵馬には楽しい絵柄が多くあります。

　動物を描いた絵馬では猫を描いた絵馬を送って頂いたのは大変嬉しく思いました。またパンダを描いた絵馬も偶然入手できました。「あまびえ」は幾つかの神社で解説を読んだのですが、絵馬の図柄に採用している神社がありました。動物の項目に入れることにしました。

　神社名しかない絵馬もあり、少しは工夫してほしいなと思っています。神様にお願い事を書いて奉納するのですから、神社名だけでも良いのかもしれませんが、少し寂しいような気がします。逆に神社名のない絵馬もあり、神社名を捺印して頂くこともありました。絵馬は通常神社に願い事や祈願者の氏名を記入して、神社に奉納するか、絵馬掛けに納めることが多いものですから、神社名はなくともかまわないのかもしれません。

　現在私は86歳になりましたが、これからも絵馬の蒐集を続ける予定にしています。

　令和5年3月吉日

著者

目　次

1 変わった形の絵馬

　前2著で様々な変わった形の絵馬を示しましたが、今回も形の変わった絵馬を示すことにします。

　南海電鉄高野線で九度山駅を降りて、タクシーで慈尊院を訪れました。慈尊院と階段で繋がって上方にあるのが丹生官省符神社で、この神社は弘法大師（空海）の創建ということです。高野山町石道登山口となっていて、神社の出口のところには町石（道標：みちしるべ）があります。慈尊院は女人高野とも呼ばれているお寺で、前著でも絵馬を掲載しましたが、今回訪れてみると安産祈願の絵馬があり、珍しいタイプのものでした。有吉佐和子の小説『紀ノ川』にも取りあげられています。絵馬を拝受後に袋に入った乳房と乳首を自分で貼りますと下の図のように完成します（図1-1）。

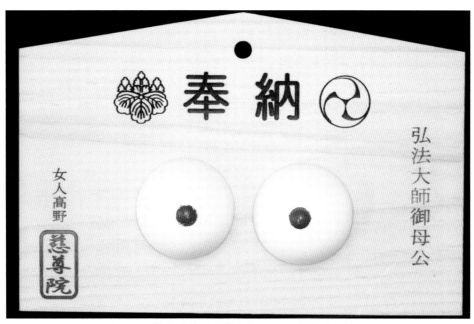

図1-1　世界遺産に登録されている慈尊院の絵馬

　慈尊院から九度山駅の方に向かうと、真田庵（善名称院）があります。ここは真田幸村親子が幽閉されていた場所になります。残念なことに誰もいないので、絵馬を探して、代金を賽銭箱に入れました。絵馬は真田の紋である六文銭を描いたもので、形は扇形となっていました（図1-2）。扇形の絵馬は岐阜市にある伊奈波神社に次いで2つ目となります。

図1-2　真田庵（善名称院）の絵馬は六文銭を描く

　次の絵馬はお送り頂いたものです。大分県臼杵市に福良天満宮があり、その境内に
招霊赤猫社が平成11年に建立されたそうです。「あかねこ」と呼ばれた大塚幸兵衛と
いう偉人（臼杵商人）を祀っているということです。絵馬の形は猫を象り、赤く彩色
されています（図1-3）。

図1-3　招霊赤猫社の絵馬

　綱敷天神社のお旅社（所）は大阪市北区の茶屋町にあります。阪急電鉄梅田駅沿いの道を北の方向に進むと、ビルに挟まれて鎮座しています。コンクリート製で、階段を登ると小さな社殿があります。そこを訪れましたが、神職は不在で、絵馬掛けを見ていると、打出の小槌型の絵馬（図1-4）がありましたので、写真に撮りました。もちろんお賽銭も入れて、参拝しました。この後、綱敷天神社へと向かいましたが、途中に「歯神社」がありました。この神社は綱敷天神の摂末社のようなのですが、小さな神社で、絵馬もなく期待を裏切られました。

図1-4　綱敷天神社お旅所の絵馬

　最も行くことがない県を調査したところ、ダントツ１位になったのが佐賀県です。その佐賀県唐津市の松浦川の河口近くに高島行きの乗船場があります。ここから船で10分ほどの距離に高島漁港があります。ただし、１日に６便しか船はありません。高島漁港で降りて、すぐのところに宝当神社があります。小さな神社ですが、御朱印を頂くことができました。名前が良いので、宝くじなどが当たりますようにと祈願する人が多いようです。絵馬は打出の小槌を象ったものです（図1-5）。この神社にこそ相応しい絵馬といえます。

図1-5　唐津市高島にある宝当神社の絵馬

　次の絵馬もお送り頂いたもので、絵馬の形は与論島を象ったものです（図1-6）。神社名は判り難いのですが、調べてみると按司根津栄（アジニッチェー）神社です。按司根津栄は与論島の英雄の名前のようです。与論島では一番大きな神社と記されていました。絵柄は亀と珊瑚とヒトデを散りばめているのも楽しい絵馬です。

図1-6　与論島の按司根津栄（アジニッチェー）神社の絵馬

　私は到底直接参拝することはできそうにない神社の絵馬なので、大変嬉しく拝受いたしました。

　類似の絵馬としては以前に掲載した中禅寺湖畔にある下野国一の宮日光二荒山神社の絵馬です。男体山（二荒山）を象ったもので、絵馬の上辺が山型になっていました。

　南海電鉄本線（難波 ― 和歌山）の貝塚駅の近くに感田神社はあります。御由緒によると貝塚寺内町の産土神、神田河原大明神ついで神田瓦大明神、さらに岸和田藩主が神徳を感じて神領を寄進したのに因んで、「神」を「感」に改めて感田瓦大明神と称したといいます。御祭神は天照皇大神、須佐之男大神、菅原道真公ということです。絵馬の一つは太鼓台を模したものでした（図1-7）。

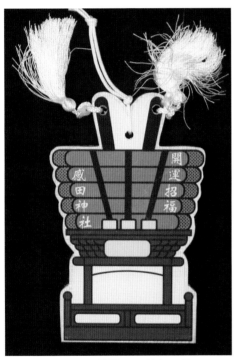

図1-7　感田神社の太鼓台の絵馬　　　　図1-8　岩船寺の絵馬

　岩船寺は京都府木津川市にありますが、京都府の南の方にあり、JR奈良駅からタクシーで行きました。天平元（729）年に聖武天皇の勅願により、行基が阿弥陀堂を建てたのが始まりとのことです。重要文化財も多く、四季折々に咲く花も見所の一つです。関西花の寺25カ所の一つとしても知られています。岩船寺から浄瑠璃寺の間はハイキング・コースにもなっていますが、老齢の身には無理です。石仏が多いそうです。絵馬はお願い地蔵を描いています（図1-8）。

脇浜戎大社に南海電鉄本線の貝塚駅前からタクシーで向かいました。脇浜戎大社と高
靇（たかおかみ）神社は同じ境内にあります。高靇の神は雨乞いの龍神ということらしいです。神社は
貝塚市を東西に流れる近木川（こぎ）の河口近くにあり、源流は和泉葛城山ということで、そこに
も高靇が祀られていると記されています。絵馬は四角いもので、立てて置いて飾るように
なっていました（図1-9）。四角形の絵馬も珍しいものです。初めてお目にかかりました。
絵馬掛けに飾られていたのは戎さんのものでしたが、当日拝受することは不可でした。

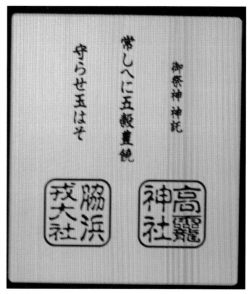

図1-9　脇浜戎大社と高 靇（たかおかみ）神社の絵馬

　阪神電鉄本線で大阪梅田から神戸三宮に向かうと、淀川を渡ってすぐのところに姫島
駅があります。姫島駅を降りて南西の方角に少し歩くと姫嶋神社があります。

　この神社は御朱印がカラフルで美しく、御朱印を集めている人には有名な神社で
す。鳥居は明神造りと思われますが、一番上の横にわたした桟の反り返りがかなり強
いように思われます。

　絵馬は通常のものもあるのですが、この神社では帆立貝の貝殻に願い事を書いて、
奉納する人がほとんどのようです。貝殻に紐が通してあり、その紐を柱に結んでいま
す。多数の貝殻を纏った柱が3本も境内に立っていました。その様子を写したものを
示します（図1-10）。

　軽部神社は総社市にある神社で「おっぱい神社」という愛称もあります。かつて境
内に「垂乳根の桜（たらちね）」と呼ばれる枝垂桜があり「乳神様」として乳房の病気、安産、育
児などの信仰の対象となっていましたが、現在は枯死したのでありません。訪れたこ

図1-10　姫嶋神社。左は棒に吊るしている貝殻。右は一部の拡大

とはありませんが、現在でも乳房を象った絵馬が奉納されているということです。絵馬掛けに多数の乳房を貼り付けた絵馬が吊るされています（図1-11）。図1-1に示した慈尊院の絵馬よりも乳房は大きいようです。どちらが元祖なのでしょう。

図1-11　軽部神社の絵馬掛け

　三重県津市にある日本三観音の一つとされる津観音（恵日山観音寺）の絵馬の一つに円形の絵馬がありました。少し変わっているのは焼き印を押したように字も線も凹

んでいることです。寺院の印がないのが欠点です（図1-12）。

　三重県桑名市にある桑名宗社（春日神社）は桑名の総鎮守ということです。

　桑名総社は桑名神社と中臣神社の両社からなり、桑名神社の御祭神は天津彦根 命（天照大神の第３子）と天久々斯比乃命（上代の桑名地方豪族の祖神）、中臣神社の御祭神は天日別 命（伊勢国造の遠祖）と相殿に春日四柱神ということです。絵馬は八角形で春日大明神と書かれています（図1-13）。

 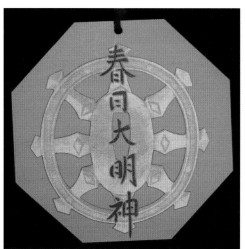

図1-12　津観音の絵馬の一つ　　　　図1-13　桑名市の桑名宗社の絵馬

　廣峯神社は廣峯山の山頂近くにあります。JR姫路駅からタクシーで20分ぐらいの位置にあり、細い山道を登って行きます。駐車場から階段を登ると、境内になります。牛頭天王総本宮とされています。奈良時代吉備真備公が天平５（733）年に御神託を受けられて、桓武天皇に奏上し、翌年社殿を建立し、廣峯神社と名付けたと記されています。素戔嗚 命を牛頭天王・天道神（本殿中央）、御后神の櫛稲田姫命を歳徳神（本殿右側）、御子神の八王子を八将神（本殿左側）にお祀りしています。京都・八坂神社の元宮ということです。平安時代に京都に分祀したのが現在の八坂神社ということです。八角形の絵馬には宝珠が描かれています（図1-14）。

　黒田官兵衛の神社も併設されていましたが、関連する絵馬はありません。

　和歌山県田辺市にある闘鶏神社を再訪しました。絵馬掛けに吊るされている絵馬を見ていると、安産祈願の絵馬があり、変わった形をしていました。犬でしょうか、猫でしょうか。安産祈願ですから犬なのでしょう。入手することはできず、絵馬掛けに吊るされていた絵馬を示します（図1-15）。

図1-14　廣峯神社の絵馬の一つは宝珠を描いています

図1-15　和歌山県田辺市にある闘鶏神社の絵馬の一つ

神戸市中央区、三宮駅の近くに生田神社はあります。源平合戦の古戦場です。御祭神は稚日女尊（わかひるめのみこと）です。神功皇后摂政元（201）年三韓よりの帰りに、今の神戸港の沖合で船が進まなくなり、神占（しんせん）を行ったところ稚日女尊が現れ、「私は活田長峡國（いくた ながおのくに）に居りたい」と申されたので、海上五十狭茅（うながみのいさち）によって祀られましたと生田神社略記に記されています。阪神・淡路大震災で大きな被害を受けた神社ですが、完全に修復されています。生田の森も健在です。以前の絵馬は生田の森の源平合戦を描いたものでしたが、今回は見当たりませんでした。学業・合格祈願絵馬は書物を象ったものでした。裏面に願い事を書くようになっていました（図1-16）。

図1-16　生田神社の学業・合格祈願絵馬は本を開いた形を象っています

備後護国神社は広島県福山市にあります。福山駅からすぐ近くにあり、午前9時過ぎに訪れたのですが、社務所には人影もなく、御朱印も頂けず、絵馬も拝受できずということになり、絵馬掛けの絵馬を写すことになりました。干支の絵馬が多く掛けられていましたが、中に勇鷹大神と書かれた絵馬の形が変わっていました。一見ダルマさんのように見えるのですが、目の部分が違います。鷹の目になっていました（図1-17）。

鹿児島県護国神社は明治元（1968）年に鳥羽・伏見の戦いの戦死者を祀るために創建された靖献霊社（いさたまれいしゃ）に始まります。厄除けの絵馬を逆さまに吊るすようになっているのが特異です（図1-18）。

図1-17　備後護国神社の絵馬は勇鷹大神を描く

図1-18　鹿児島県護国神社の厄除けの絵馬。裏面に神社名が記されています

名古屋市大須にある三輪神社は今から約450年前、元亀年間（1570〜1573年）、牧若狭守長清が小林築城の際、自分の故郷である奈良の大神神社の大物主神を鎮め祀ったのが始まりとされています。鳥居は三輪鳥居あるいは三ツ鳥居と呼ばれるものでした。

　境内には撫で兎（福兎）が置かれていますし、至る所に兎の置物が飾られています。「因幡の白兎」に因んだものと思われます。絵馬も兎を象ったものです。

　表と裏を示します（図1-19）。絵馬掛けに納められている絵馬を見ますと、表には顔を描いている例もありました。

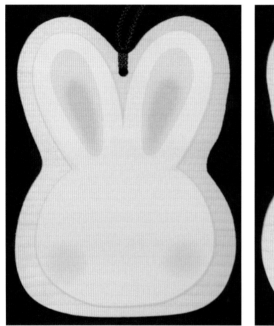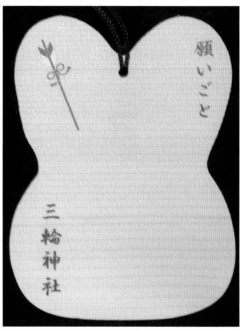

図1-19　名古屋市大須にある三輪神社の絵馬は兎の顔である

2 動物を描いた絵馬

1971年に日本の空からコウノトリがいなくなり、その後兵庫県豊岡市でコウノトリ復活に向けた取り組みが始まりました。2005年から野生復帰に向けた取り組みが始まり、2007年には野外での繁殖に成功しました。そこで、豊岡市立コウノトリ文化館を訪れました。文化館の周囲にはコウノトリ公園があり、野生のコウノトリを見ることができます。文化館の庭にもコウノトリがいますが、一部の羽が切り取られていて、飛翔できないようです。しかし、そこにも野生のコウノトリが飛来しているのでした。

図2-1　久々比神社の絵馬はコウノトリを描く

JR豊岡駅から久々比神社をめざし、参拝したのですが、久々比神社の絵馬は神社ではなく、近くの喫茶店に置かれているのでした（図2-1）。

近畿日本鉄道南大阪線で阿部野橋駅から準急行で10分ぐらいのところに、河内松原駅があります。ここで下車して、徒歩で5分ぐらいのところに柴籬神社があります。絵馬には神社名が記されています。反正天皇の皇居跡に造られたということです。5年間この地に都があったとのことです。御祭神は反正天皇、菅原道真公、依羅宿禰で、24代仁賢天皇の勅命により創建されたとのことです。現在の社殿は寛永時

代に再建されたものということです。絵馬は３種類ありましたが、その内２つには鶴が描かれていました（図2-2）。もう１つは菅原道真公を描いたもので、これは別のところ（図4-1）でお示しします。

図2-2　柴籬神社の絵馬は鶴？を描いている

　和歌山県白浜にあるアドベンチャーワールドを訪れました。ここにはパンダが何頭もいるので有名です。その帰りに田辺市を久しぶりに訪れ、闘鶏神社を参拝し、絵馬を拝受しました（図2-3）。左の紅白の鶏の絵馬は昔のものと同じようですが、書かれている文字は異なっています。以前の絵馬に記入されていた「第一霊験社」と朱書きされていた「神符」の文字がありません。右の「とり」と書かれた絵馬は以前にはなかったものです。どう見ても「ひよこ」のようにみえます。

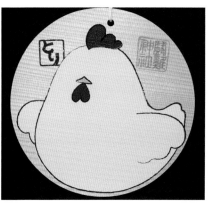

図2-3　闘鶏神社の絵馬

　和歌山県にある丹生官省符神社は慈尊院の上手にある神社です。弘法大師を高野山に案内した狩場明神の連れていた白い犬と黒い犬を描いているのが丹生官省符神社の絵馬の一つです（図2-4）。
　この他に干支の絵馬もあり、ネズミを２匹向かい合わせで描いているものでした（図2-5）。

図2-4 丹生官省符神社の絵馬は狩場明神の白黒2匹の犬を描く

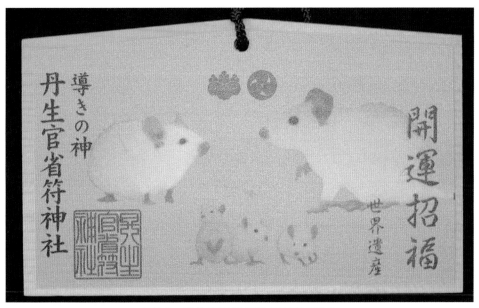

図2-5 丹生官省符神社の干支の絵馬

　九度山から高野山の方に向かってタクシーでかつらぎ町にある丹生都比売神社に参拝しました。かなり山の上の方にある神社でした。第一殿には丹生都比売大神・通称「丹生明神」、第二殿には高野御子大神・通称「狩場明神」となっています。絵馬は犬が2匹描かれた「みちびきの神」（図2-6）と、犬の輪郭を描いた絵馬でした（図2-7）。

図2-6　丹生都比売神社の絵馬。狩場明神の白黒２匹の犬を描く

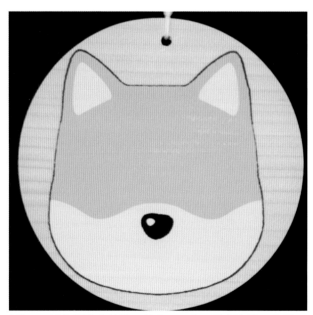

図2-7　丹生都比売神社の絵馬で、犬の輪郭を描いた絵馬

　三河にある三ヶ根観音は山の上にあり、戦没者を祀っています。風光明媚な場所に
あります。三ヶ根観音からタクシーで下っている途中に三谷弘法山金剛寺がありま
す。立派な寺院です。絵馬の一つが図2-8に示す可愛らしい兎を描いたものでした。

図2-8 金剛寺（三ヶ根観音近く）の絵馬

　蒲郡に竹島があり橋で本州と繋がっています。その竹島に八大龍神社があります。
その神社の絵馬は当然龍を描いています（図2-9）。

図2-9 八大龍神社の絵馬。蒲郡、竹島

佐賀市にある佐嘉神社と松原神社は繋がっています。松原神社では神職不在でしたが、松原河童社の絵馬を拝受しました（図2-10）。河童を描いた絵馬は珍しいものです。

図2-10　松原河童社の絵馬は河童を描く

京都市にある和気清麻呂を祀る神社が護王神社です。以前にも猪の絵馬を掲載しています。最近、知人から頂いた絵馬を見ると以前の絵柄とは異なっているのでお示しします（図2-11）。

図2-11　護王神社の猪を描いた絵馬

　阪堺電車の天神ノ森駅のすぐ傍にあるのが天神ノ森天満宮です。道真公の絵馬もありますが、牛を描いた絵馬もあります。撫で牛を描いたようです（図2-12）。

図2-12　天神ノ森天満宮の絵馬の一つ

　播磨国総社、射楯兵主神社はJR姫路駅から徒歩15分、姫路城から5分ぐらいの位置にあります。欽明天皇25（564）年に兵主大神（大国主神）をお祀りしたのが始まりということで、1400年あまりの歴史があるとのことです。射楯大神は全国に樹木を植え、日本を緑豊かな国にされた神様です。神使はミミズクということで境内には撫でミミズクもあります。知性の象徴として崇められているそうです。絵馬にはミミズクを描いています（図2-13）。

図2-13　射楯兵主神社の絵馬はミミズクを描く

備後一宮吉備津神社は福山市新市にあります。福山市のはずれです。参拝したとき
には、本殿は修理中で見ることはできず、残念でした。絵馬は数種類あり、その一つ
が虎を描いたものでした（図2-14）。

図2-14　備後一宮吉備津神社の絵馬。虎を描いている

　福山駅の近くに福山八幡宮はあります。境内も広く、初詣の参拝者も多いというこ
とです。絵馬の一つは何故か「あまびえ」を描いたものでした（図2-15）。

図2-15　福山八幡宮の絵馬は「あまびえ」を描く

恩智神社は大阪府八尾市にある神社で、近鉄大阪線の恩智駅から山手の方に歩いて20分の距離にあります。御祭神は大御食津彦大神で天児屋根命の後裔に当たるそうです。大御食津姫大神（豊受姫大神異名同神）、天児屋根命も祀っています。創建は大和時代雄略年間（470年頃）と伝えられ、河内守護と民の繁栄のためにお祀りされたとのことです。国内でも有数の古社で、河内国総社で、恩智大明神として『延喜式』内名神大社に列されたと記されています。卯（兎）は恩智神社の神の使いとして、先導したと言われ、交通安全や良縁を導く御利益があるとされています。また、三代実録によると恩智神社は下水分社といわれ、水を分配する神です。辰（龍）はその水を司る神であり、恩智神社の神の使いともされています。夏祭り（御祓祭）と秋祭り（卯辰祭）があり、秋祭りには人形供饌がお供えされます。絵馬には龍と兎を描いています（図2-16）。境内には狛犬の代わりに兎と龍が置かれています。

図2-16　恩智神社の絵馬は龍と兎を描いている

前著に猫を象った絵馬はまだないと記したのですが、今回、招霊赤猫社の絵馬（図1-3）を掲載することができました。知人から送って頂いた絵馬です。招き猫を描いた絵馬は東京都台東区にある今戸神社に3種類ありました。その内2種を以前の著書に掲載しています。鳥取県の金持神社も招き猫を描いていました。しかし猫そのものを描いた絵馬はなかったのです。立川市在住の数少ない読者の一人から、猫を描いた絵馬を送って頂きました（図2-17）。立川市砂川町にある阿豆佐味天神社の摂社の一

つに蚕影神社があります。昔養蚕農家の大敵はネズミで、そのためにネズミを捕らえる猫を祀るために建立された神社ということです。山下洋輔氏（ジャズピアニスト）の飼い猫が行方不明になったときに、この神社で祈願したところ、翌日に家に猫が戻って来たという話を昭和62（1987）年に雑誌『芸術新潮』で紹介したことにより、この神社が有名になり、「猫返し神社」といわれるようになったということです。

図2-17　立川市にある猫返し神社の絵馬

パシフィコ横浜で学会があり、杉山神社を訪れることにしましたが、ホテルで場所を尋ねたところ横浜市内には杉山神社が多数あり困惑しました。とりあえず比較的近い西区にある戸部杉山神社をタクシーで訪れることにしました。御祭神は大己貴 命（大国主命）です。創建は飛鳥時代、白鳳3（652）年に出雲大社の御分霊を勧請したのが初めと伝えられ、横浜旧市内最古の神社ということです。境内には、大国様やネズミの像が設置されていました。絵馬はネズミと小槌を描いています（図2-18）。

杉山神社は横浜市内に35社もありますが、他の地域にはほとんどありません。例えば、八幡神社は宇佐八幡宮を本家として、全国に広く分布しています。天神社は京都の北野天満宮を本家として全国に分布しています。稲荷社は伏見稲荷が本家になり、全国に分布しています。杉山神社は鶴見川、帷子川、大岡川流域に多いのです

図2-18　横浜市西区にある戸部杉山神社の絵馬

が、どこが本家かも不明です。御祭神も、日本 武 尊や五十 猛 命（須佐之男命の
子で樹木の神）がほとんどで、大己貴命を主祭神とするのは戸部杉山神社以外には1
社しかありません。杉山神社は謎の多い神社のようです。

図2-19　神戸四宮神社の絵馬

神戸市には一宮から八宮まであります。節分の日に八社めぐりをする風習があるそうです。四宮神社はJR元町駅の近く、兵庫県庁の近くにある弁財天を祀る神社です。絵馬の一つはヘビを描いていました（図2-19）。

　土佐稲荷神社は三菱発祥の地、大阪市西区北堀江にある神社です。岩崎弥太郎が尊崇した神社です。イナリは「稲生」の義であると記されています。絵馬には美しい狐が描かれています（図2-20）。

図2-20　土佐稲荷神社の絵馬

　神戸二宮神社はJR三宮駅から山手の方に歩いて10分弱のところにあります。縁結びの絵馬はおイネ狐を描いています（図2-21）。

図2-21　神戸二宮神社の絵馬はおイネ狐を描いている

　南紀白浜にある歓喜神社は「阪田山祭祀遺跡といわれ、約千三百年以前のもので、男女陰陽のレリーフが刻まれた岩座を中心とする形式は、社殿ができる以前の祭祀礼拝所の姿を偲ばせる貴重な遺跡です。」と白浜美術館の入場券にも記されています。白浜にはアドベンチャーワールドがあり、多数のパンダが飼育され、パンダの赤ちゃんも次々と誕生しています。歓喜神社の安産・子宝祈願の絵馬にはパンダを描いています（図2-22）。

図2-22　南紀白浜の歓喜神社の絵馬

　本住吉神社は神戸市東灘区にあります。JR住吉駅の近く西国街道沿いにあります。大阪の住吉大社の本になった神社とされています。御祭神は住吉三神と神功皇后となっています。起源は古く西暦201年ということです。絵馬は松林の上を鳥が飛んでいる絵柄となっています（図2-23）。

　和田神社は神戸市兵庫区和田岬にあります。神戸市の地下鉄海岸線の和田岬駅からすぐ近くにあります。御祭神は天御中主大神を主神とし、相殿には市杵嶋姫大神と蛭子大神ということです。蛭子大神が淡路から本州に上陸された最初の地が和田岬で、蛭子大神が祀られた最古の聖地ということです。平清盛が市杵嶋姫大神を安芸の宮島から勧請しました。万治2（1659）年天御中主大神の坐す御輿がこの地に流れ着き、種々の神意をあらわし、これを知った時の領主が御社殿を造営したとのことです。現在地に移ったのは明治35年とのことです。絵馬は琵琶とヘビを描いています（図2-24）。

図2-23　本住吉神社の絵馬

図2-24　和田神社の絵馬

　兵庫県高砂市にある生石神社は宝殿山の山腹にある神社です。主祭神は大穴牟遅命と少毘古那命で、創建は崇神天皇治世（西暦97年）と伝えられています。石の宝殿というのは三方を岩壁に囲まれた中に、池の中に三間半（約7 m）四方の高さ約6 mの浮き石が置かれています。鎮の石室、通称浮石と呼ばれています。石の宝殿は

本殿の奥にあり、神社のご神体となっています。絵馬はこれとは全く関係のない「あまびえ」を描いたものでした（図2-25）。「あまびえ」の解説も同封されていました。

図2-25　生石神社の絵馬は「あまびえ」を描く

　加古川市にある泊神社の主祭神は天照大神、少彦名神、国懸大神です。創建は飛鳥時代かとされています。聖徳太子の側近であった秦河勝が紀伊国から、彼の氏神である国懸大神を勧請し社殿を建立したということです。宮本武蔵縁の神社だそうです。絵馬の一つは海上を舞う鳥を描いています（図2-26）。

図2-26　泊神社の絵馬

川越市は埼玉県にあり、人口は35万人の都市です。JR 川越駅周辺の様子は30年ぐらい前に訪れたときとは一変していました。川越氷川神社は川越総鎮守ということで、休日で、七五三のお参りも多く、境内は人々で込み合っていました。創建は1500年前、欽明天皇2（541）年ということです。以前に訪れたときにはなかった絵馬がありました。縁結びの絵馬は2頭の馬が描かれていました（図2-27）。

図2-27　埼玉県川越市にある川越氷川神社の縁結びの絵馬

　川越八幡宮は長元3（1030）年、甲斐守源頼信の創建ということです。御祭神は誉田別尊（応神天皇）です。絵馬の一つは2羽の鳥を描いたものでした（図2-28）。

図2-28　川越八幡宮の縁結びの絵馬

　川越熊野神社のご祭神は伊弉諾命、伊弉冊命、速玉之男命、事解之男命の四神
です。熊野神社といえば３本足の八咫烏です。絵馬には八咫烏が描かれています（図
2-29）。

図2-29　川越熊野神社の絵馬

　川越熊野神社で良縁祈願の絵馬には黒い八咫烏とともに朱色の八咫烏が描かれてい
ました（図2-30）。朱色の八咫烏は初めて目にしました。

図2-30　川越熊野神社の絵馬

近鉄京都線の桃山御陵前駅を下車すると御香宮があります。鳥居を潜ってしばらく歩くと、右手に天満宮があります。それが伏見桃山天満宮社です。絵馬には黒い牛を描いています（図2-31）。

図2-31　伏見桃山天満宮社の絵馬

　兵庫県芦屋市には打出町や打出小槌町があります。そのすぐ近くにあるのが打出天神社です。創始は不明ですが、室町時代に、蘆屋荘が北野天満宮の社領地となったことから打出天神社となったそうです。境内に隣接する金津山古墳には打出の小槌伝説が伝わっています。絵馬は牛を描いています（図2-32）。

図2-32　兵庫県芦屋市にある打出天神社の絵馬

信貴山 朝 護孫子寺は毘沙門天を祀っている寺院です。聖徳太子により創建されました。敏達天皇11（582）年に寅の年、寅の月、寅の日、寅の刻に毘沙門天を聖徳太子が感得し、後にその加護により物部守屋に勝利したことから、用明天皇２（587）年に聖徳太子は自ら刻んだ毘沙門天を本尊として当寺を創建し、「信ずるべき貴ぶべき山」（信貴山）と名付けたといいます。寺の至る所に張り子の虎を飾っています。醍醐天皇により「朝護孫子寺」の勅号を賜っています。JR 大和路線の王寺駅からバスで20分ほどで、寺院の入り口まで行き、境内まで歩いて参拝できます。また、近鉄大阪線で河内山本駅から信貴山口行きの電車に乗り換えて、終点でケーブルカーに乗車し、山上に着くと、バスがあります。境内は広く、多くの塔頭があります。絵馬の授与はなく、破魔矢に吊るされていたものを写真に収めました。虎を描いています（図2-33）。

図2-33　朝護孫子寺の絵馬

吉野にある吉水神社は源義経と静御前が弁慶と共に隠れ住んだ場所として有名ですし、後醍醐天皇が南朝の皇居とされた場所でもあります。世界遺産にも登録されています。絵馬を見ると、種々の犬を描いた絵馬が多数ありました。尋ねてみると、後醍醐天皇が犬好きであったことに因むものということでした。現在も犬を連れて参拝する人が多いということです。自分の飼っている犬種に合わせて、絵馬を拝受するのでしょうか。中に多くの犬種を描いた絵馬がありました（図2-34）。

図2-34　吉水神社の絵馬は多種類の犬を描く

　淡路島にある諭鶴羽神社は諭鶴羽山の頂上近くにあります。諭鶴羽神社へはタクシーで行きましたが、その道はとんでもない難路でした。『枕草子』15段に「峰はゆづるはの峰、あみだの峰、いやたかの峰」とあります。国生み神話で知られる「伊弉諾尊、伊弉冊尊」の二柱の神様が鶴の羽に乗って、この山のカヤの大樹に舞い降りられたのが、山名の由来ということです。諭鶴羽神社に神職は不在でしたが、拝殿に資料は色々と置かれているのでした。御朱印は書き置きのものがあり、令和4年5月と記されていました。絵馬は2羽の鶴を描いていました（図2-35）。帰りは地元の人の運転する車に出会い、タクシーの運転手さんがその人に道を教えてもらい、割合ゆったりとした道路を下ることになり、ほっとしました。

　筑波山神社には、つくばエクスプレスの筑波中央駅からタクシーで行きました。筑波山は男体山（871m）と女体山（877m）で成り立っています。筑波山神社の境内を通らないと、筑波山の山上に行くケーブルカーに乗車できないのでした。山上を少し散策しました。生憎天候が悪く、眺望はよくなく残念でした。山上に行く前に、神社に参拝し、絵馬を拝受しました。筑波山神社の絵馬の一つは筑波山を背景に、言わ猿、見猿、聞か猿の三猿を描いています（図2-36）。筑波山神社の創建は約2000年前？　伊弉諾尊（筑波男ノ神）と伊弉冊尊（筑波女ノ神）を御祭神としています。

図2-35　諭鶴羽神社の絵馬

図2-36　筑波山神社の絵馬は筑波山と三猿を描く

常磐神社は明治6（1873）年に徳川光圀公と徳川斉昭公を御祭神として偕楽園内に創建されています。ここには末社の稲荷神社の絵馬を示します（図2-37）。

図2-37　茨城県水戸市にある常磐神社の絵馬

コラム1 大仏について

　大仏とは、大きな仏像を指す通称です。釈迦の背丈が1丈6尺（約4.85ｍ）だったという伝説から、一般的には「丈六仏」より大きいものを「大仏」と言いますが、その定義より小さくとも「大仏」と称するものもあります。「大仏」と言えば奈良の東大寺の「大仏」や鎌倉「大仏」（長谷の大仏、高徳院）が有名です。しかし、古より現代にいたるまで、大きな功徳を求めた願主により、各地に大きな仏像が造られてきました。○○大仏と名付けられたものは、全国各地に104体もあります。この中には焼失したり、倒壊したり、解体されたものも4体含まれています。

　最も古いのは奈良県高市郡明日香村にある飛鳥寺の飛鳥大仏（釈迦如来、坐像）で像高は2.75ｍあり、推古天皇17（609）年に建造されたものです。飛鳥寺の絵馬に描かれています。この絵馬は以前の本に掲載しています。奈良市にある東大寺の大仏（毘盧遮那仏、坐像）は像高14.7ｍで、天平勝宝4（752）年に建造されています。鎌倉大仏（阿弥陀如来、坐像）は像高11.39ｍで、鎌倉時代に建造されています。仏像の種類としては、阿弥陀如来（44体）、釈迦如来（29体）、毘盧遮那仏（9体）が多く、この他に大日如来、文殊菩薩、十一面観音、地蔵菩薩、薬師如来などもあります。秋田県由利本荘市にある長谷寺の赤田大仏（十一面観音、立像）は高さ9ｍもあります。1892年に再建されたものです。初代は1794年に建造されたのですが、明治21（1888）年に火災で焼失しています。なお、本家本元の大和国長谷寺の十一面観音像は立像で高さ10ｍもありますが、大仏とは呼びません。徳道は養老5（721）年に大和国の山中で見付けた楠の大木から2体の十一面観音を造り、その1体（本）が大和国長谷寺の観音像となり、もう1体（末）を祈請の上で海に流しました。その15年後に三浦半島の長井浦に流れ着いた観音像を鎌倉に安置して開いたのが、鎌倉の長谷寺であるとされます。像高は9.18ｍです。

　福岡県篠栗町にある南蔵院の釈迦如来の涅槃像（1995年建造）は41ｍもあり、ブロンズ製としては世界最大のものです。涅槃像は、寝仏で頭は北向き、顔は西向き、右手を枕にするか、右手で頭を支える姿で造られます。

　1900年代に建造された大仏は39体、2000年代に建造された大仏は8体もあります。茨城県牛久市にある、平成5（1993）年に建造された牛久大仏（阿弥陀如来、立像）は像高が100ｍもあり、日本一の高さです。台座を加えると高さは120ｍになります。千葉県安房郡鋸南町の日本寺にある日本寺大仏（薬師如来、坐像）は1969年の建造で像高31ｍです。滋賀県長浜市にある琵琶湖大仏（阿弥陀如来、立像）は像高28ｍもあり、1994年の建造です。福岡市博多区の東長寺に1992年に完成した像高

10.8mの福岡大仏は日本最大の木造仏像とされています。東長寺の絵馬にも描かれています（以前の著書に掲載）。小さい「大仏」は広島県府中市にある吉井寺の備後大仏（薬師如来、坐像）で像高は1.48mです。

　日本三大仏はということになると、東大寺にある奈良の大仏と神奈川県鎌倉市の高徳院にある鎌倉大仏が挙げられます。これは異論のないところです。残る一つは富山県高岡市の大佛寺にある高岡大仏（阿弥陀如来、坐像、像高7.43m）を挙げる人が多いのですが、諸説あります。先日、神戸を訪れたときには能福寺（平清盛の墓所がある）にある兵庫大仏（毘盧遮那仏、坐像、像高11.0m）を三大仏の一つとして挙げていました。郷土愛というものでしょう。

　北海道をはじめ多くの都道府県に大仏はあるのですが、岩手県、群馬県、長野県、鳥取県、熊本県、長崎県、鹿児島県にはありません。

3 神仏を描いた絵馬

泉佐野市にある八幡神社の絵馬は弁財天を描いていました（図3-1）。

図3-1　泉佐野八幡神社の絵馬

愛知県蒲郡市の竹島にある八百富神社を訪れました。竹島には橋を渡って行くのですが、車は通行禁止となっていましたので、徒歩で渡りました。島についてからも階段を登ることになり、高齢者にとっては大変でした。絵馬の一つは竹島を背景に弁天様を描いていました（図3-2）。

図3-2　愛知県蒲郡にある八百富神社の絵馬は弁天様を描く

三ヶ根山スカイラインを通って、山頂にある三ヶ根観音を訪れました。戦没者の慰霊を祀っています。多数の慰霊碑が建立されている、見晴らしの良いところです。絵馬には観世音菩薩を描いています（図3-3）。

図3-3　三ヶ根観音の絵馬

　兵庫県にある城崎温泉は古くから有名なところですが、訪れたのは初めてです。旅館街の一番奥に温泉寺があり、薬師堂で絵馬を頂きました。絵馬には仏様が描かれています。薬師如来でしょうか（図3-4）。

図3-4　城崎温泉寺の絵馬は仏像を描いている

　出雲大社分祠は全国各地にあることを初めて知りました。出雲大社大阪分祠は堺市にあります。境内は広々としています。絵馬は当然大国主命、大黒さんを描いています（図3-5）。

図3-5　出雲大社大阪分祠の絵馬

　岩船寺は京都府木津川市加茂町にあります。かなり不便な場所にあり、ようやく訪れることができました。浄瑠璃寺との間はハイキング・コースになっています。岩船寺の絵馬は仏様を描いています（図3-6）。

図3-6　岩船寺の絵馬

津市にある恵日山観音寺（津観音）の境内には花桐の紫色の花が咲いていました。絵馬の一つは文殊菩薩を描いていました（図3-7）。

図3-7　恵日山観音寺（津市）の絵馬は文殊菩薩を描く

出雲市にある万九千神社の絵馬はお送り頂いたものです。神在祭で集まった八百万の神様が、最後に立ち寄り宴会をする神社と紹介されていました。絵馬は神様の宴会を描いています（図3-8）。

図3-8　万九千神社の絵馬は神様の宴会を描いている

　浄瑠璃寺は京都府木津川市加茂町にありますが、京都府の南の外れで、JR 奈良駅からタクシーで行きました。花の寺としても有名です。本堂には平安時代後期の金色に輝く9体の阿弥陀如来が安置されています。本堂と共に国宝です。

　また、鎌倉時代の秘仏吉祥天女像（重文）もあります。特別名勝に指定されている庭園には池があり、本堂の対岸に国宝の三重塔があります。そこには秘仏の薬師如来像（重文）がありますが、残念ながら拝観はできません。訪れたときには三重塔の扉は開いていたのですが、内部を見ることは不可能でした。絵馬には吉祥天女像を描いています（図3-9）。

図3-9　京都府木津川市加茂町にある浄瑠璃寺の絵馬は吉祥天女を描く

図3-10　蒲郡市にある竹島弁天（八百富神社）の絵馬は
　　　　七福神を描く

神戸市にある四宮神社は兵庫県庁の近くにあり、市杵島姫命（弁財天）を祀る神社です。絵馬には琵琶を奏でる弁天様を描いています（図3-11）。

図3-11　四宮神社の絵馬は弁財天を描いています

三河國三ヶ根観音にはわらべの小径と記された絵馬があります。描かれているのはお地蔵さんでしょうか（図3-12）。

図3-12　三ヶ根観音の絵馬の一つ

　阪神電車から尼崎駅の近くで大きな鳥居が見えていたのが、尼崎えびす神社の鳥居でした。社殿は大きくありません。祭神は八重事代主大神で創建は平安時代（885年）以前ということです。昭和27年現地に戎神社として遷宮されたとのことです。大きな鳥居は昭和34年、皇太子殿下御成婚記念として建てられたそうです。高さ17m、笠木22m、柱直径1.6mということです。絵馬にはえびす様を描いています（図3-13）。

図3-13　尼崎えびす神社の絵馬の一つ

　大阪市福島区にある野田恵美須神社はJR野田駅の近くにあります。この絵馬には神社名がなかったので、社印を押して頂きました（図3-14）。

図3-14　大阪市福島区にある野田恵美須神社の絵馬

大阪成田山不動尊は京阪電鉄の香里園駅を降りて、徒歩15分ぐらいのところにあります。交通安全祈願の寺院として有名です。駅からタクシーで参拝に行きましたが、登り坂ばかりでしたので、高齢の身には徒歩では無理だったと思いました。境内は広々としていました。昭和９年に成田山新勝寺の大阪別院として、京阪電鉄により建立されました。絵馬には不動明王を描いています（図3-15）。

図3-15　大阪成田山不動尊の絵馬

　奈良県吉野にある金峯山寺を再訪しました。仁王門は改修中でしたが、蔵王堂は昔のままでした。絵馬には蔵王権現を描いていました（図3-16）。

図3-16　金峯山寺の絵馬は蔵王権現を描く

　兵庫県淡路市の東浦地区にある松帆神社は応神天皇を御祭神とする神社で、地域の氏神様です。創建は応永6（1339）年です。名刀「菊一文字」が社宝で、鎌倉時代初期の作とされています。絵馬の一つには風神、雷神を描いたものがありました。神社名がなかったので、捺印をして頂きました（図3-17）。

図3-17　松帆神社の絵馬

　筑波山神社を参拝し、山上にケーブルカーで昇りました。筑波山神社の絵馬の一つが恵比寿様を描いていました（図3-18）。

図3-18　筑波山神社赤宮の絵馬は恵比寿神を描く

日本一大きな牛久阿彌陀大佛（1993年建立。茨城県牛久市）を訪れました。浄土庭園の中に建立されています。本山東本願寺が正式名称です。本堂は大仏さんの３階にあります。像の高さは100ｍで台座が20ｍです。全体の高さは120ｍになります。青銅製ですが、中は鉄骨でできていて、エレベーターで地上85ｍまで昇ることができます。４、５階は霊鷲山（りょうじゅせん）の間と名付けられています。展望窓があります。大仏さんの胸の位置になります。３階は蓮華蔵（れんげぞう）世界と言い胎内仏が3400体安置されています。地上20〜30ｍの高さになります。絵馬は２階にあり、拝観しないと拝受できません。絵馬には牛久阿彌陀大佛が描かれています。

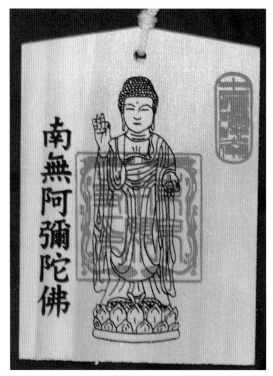

図3-19　牛久大仏の絵馬は阿彌陀佛を描いています

コラム2　巨大観音立像

全国には巨大な観音立像が多数あります。その内10位までを記します。

表　巨大観音立像

	名称	所在地	高さ	胎内巡り	建立年	所属
1	仙台大観音	仙台市	100 m	○	1991年	大観密寺
2	淡路観音	淡路島	100 m	閉	1982年	解体中
3	北海道大観音	芦別市	88 m	閉	1989年	閉鎖中
4	加賀大観音	加賀市	73 m	○	1987年	天華の救済
5	小豆島大観音	小豆島	68 m	○	1995年	子安観音寺
6	救世慈母大観音	久留米市	62 m	○	1982年	成田山久留米分院
7	東京湾観音	富津市	57 m	○	1961年	東京湾観音
8	会津慈母大観音	会津若松市	57 m	○	1986年	法国寺会津別館
9	釜石大観音	釜石市	48 m	○	1970年	石応禅寺
10	高崎白衣大観音	高崎市	41 m	○	1936年	慈眼院

　多くは鉄筋あるいは鉄骨コンクリート製でしょうから、近年になって建立されたものが多く、「聖観音」、「白衣観音」、「救世観音」で普通の人の形となっています。寺院では千手観音、十一面観音や馬頭観音を見ることが多いのとは異なっています。

　大観音立像では胎内巡りができるようになっている場合が多いようです。胎内には多くの仏像が飾られています。最上階は展望室となっています。高崎白衣大観音は昔訪れて、胎内巡りをした記憶があります。慈眼院の絵馬にも描かれていました。小豆島大観音も訪れて、胎内巡りをしました。展望窓からは瀬戸内海を見ることができます。小豆島八十八カ所の一つになっています。

　観音様は正式には観音菩薩と言います。「慈悲」を象徴する仏様です。現世の苦しみを救ってくれる仏様です。菩薩としては虚空蔵菩薩、普賢菩薩、文殊菩薩、地蔵菩薩などがあります。大観音像を見るとバブル期に建立されたものが多いようです。淡路観音は令和4（2022）年には解体工事が始まっています。

4 天 神 社

　近鉄南大阪線河内松原駅を降りて、徒歩数分のところにある柴籬神社には道真公を描いた絵馬があります（図4-1）。

図4-1　柴籬神社の絵馬

　大阪梅田にある綱敷天神社の絵馬には道真公が描かれていますが、背景が変わっていて、梅田のビル街を描いています（図4-2）。

図4-2　綱敷天神社の絵馬は背景にビル街を描いている

難波神社は御堂筋に面しています。絵馬には菅原道真を描いています（図4-3）。

図4-3　難波神社の絵馬

大阪に唯一残る路面電車、阪堺電鉄の天神ノ森駅を降りると、すぐに天神ノ森天満宮があります。絵馬は当然菅原道真公を描いています（図4-4）。

図4-4　天神ノ森天満宮の絵馬

広島県福山市にある備後一宮吉備津神社を参拝した帰り道に素盞嗚神社に立ち寄り
ました。ここも備後一宮とされています。祭神は須佐之男命（牛頭天王）です。祇園
社の大本ということです。絵馬には道真公を描いていました（図4-5）。

図4-5　素盞嗚神社の絵馬の一つは菅原道真を描く

　湊川神社は楠公（楠木正成公）さんを祀る神社です。明治5年に創建されました。
境内には日本最古のオリーブの木があります。元禄5年水戸光圀公は家臣佐々介三郎
（助さん）を、この地に遣わして碑石を建て、光圀公みずから表面の「嗚呼忠臣楠子之

図4-6　湊川神社の摂社の一つ菊水天満神社の絵馬

墓」の文字を書き、これを刻ませたということです。その摂社の一つに天満神社があります。楠公さんの紋章は菊水なので、菊水天満神社となっているのでしょう（図4-6）。

　兵庫県三田市にある三田天満神社は菅原道真公を描いています（図4-7）。

図4-7　兵庫県三田市にある三田天満神社の絵馬

　加古川市にある浜宮天神社の学業成就の絵馬を示します（図4-8）。

図4-8　浜宮天神社の絵馬

三重県名張市にある杉谷神社は市の中心部からは離れた場所にあり、タクシーの運転手も知りませんでした。御由緒略記によると主祭神は天之穂日命で他に11神を祀っており、天照大神、菅原道真、大国主命などを含んでいます。中世名張郡最大の豪族大江氏の氏神として、永延年間に大江朝臣三河守貞基によって始祖である「天之穂日命」を祀る神社として創建されました。現在の本殿は慶長17年の建造で、桃山風の建物として三重県並びに名張市の有形文化財に指定されているといいます。絵馬は絵馬掛けに吊るされているものを写したもので、菅原道真と筆、梅の花を描いています（図4-9）。

図4-9　三重県名張市にある杉谷神社の絵馬

　上新田天神社は通称千里天神と言われています。大阪メトロ、北大阪急行の千里中央駅から南に徒歩10分弱のところにあります。創建は上新田村の開墾とともに始まり、貞享3（1686）年には本殿が造られ、現存しています。本殿は重要有形文化財に指定されています。御祭神はもちろん菅原道真公です。学業成就の絵馬には梅の花と人物（道真公でしょうか）が描かれています（図4-10）。

　守口市にある産須那神社は菅原道真を御祭神とするということで、絵馬には牛と梅を描いています（図4-11）。

　長浜市にある豊国神社には豊臣秀吉を描いた絵馬はなく、境内にある天満宮に関連して、菅原道真の絵馬があります（図4-12）。

図4-10　豊中市にある上新田天神社の絵馬

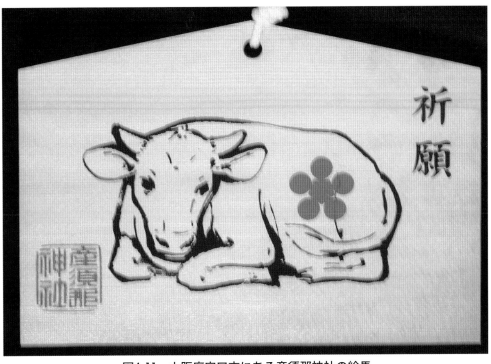

図4-11　大阪府守口市にある産須那神社の絵馬

図4-12　滋賀県長浜市にある豊国神社の絵馬の一つ

　長浜八幡宮は湖国総鎮護とされていますが、末社の一つに天満宮があり、学業成就の絵馬は菅原道真を描いたものが二種類あります（図4-13、図4-14）。

図4-13　長浜八幡宮の絵馬

図4-14　長浜八幡宮の絵馬

5 祭 り

　大阪府泉佐野市の山手の方に日根神社はあります。最寄りの駅はJR阪和線の日根野駅になりますが、南海本線の泉佐野駅からタクシーで行きました。参道も長く立派な神社です。創建ははっきりしていませんが、『延喜式』にも名前が出ている古社ということです。御祭神は鵜萱草萱不合尊、玉依比売命、五瀬命、若御毛沼命（神武天皇）、億斯富使王（日根造の祖で新羅より渡来）などを祀ります。春の例祭（５月５日、まくら祭り）は幟の竿に色とりどりの枕を付けて渡御します。枕を付ける由来は戦争のときの兵糧米を入れる袋を意味するとか、井堰をせき止める土嚢を意味するとか諸説があるようです。ゆ祭りは７月第３土曜日に行われます。「ゆ」とは灌漑用水のことで、樫井川（神社の横を流れている）や水路の水の恵みを祈願する祭りです。日根神社の絵馬はまくら祭りとゆ祭り、五社音頭を描いています（図5-1）。

図5-1　日根神社の絵馬は祭りを描く

　佐賀県唐津市にある唐津神社を再訪しました。絵馬は唐津曳山を描いていますが、以前の絵柄とは変わっていました。以前の絵馬では一番奥に見られる曳山だけが描かれていたのですが、今回の絵馬では曳山が３種類も描かれているのです（図5-2）。

図5-2　唐津神社の絵馬

　広島県福山市にある素盞嗚神社の祇園祭は神輿が名物ということで、絵馬には神輿を描いています（図5-3）。牛頭天王を祀る神社で、京都の八坂神社の元宮とのことです。

図5-3　素盞嗚神社の絵馬は神輿を描く

京都八坂神社には祇園祭を描いた絵馬があります（図5-4）。

図5-4　京都八坂神社の絵馬は祇園祭を描いています

田蓑神社は大阪市西淀川区佃にあります。創建は貞観11（869）年で、御祭神は住吉三神と神功皇后です。夏祭りで曳かれる「ふとん太鼓」を絵馬にしたものです。これは室内に飾るためのもので、大きなものです（図5-5）。

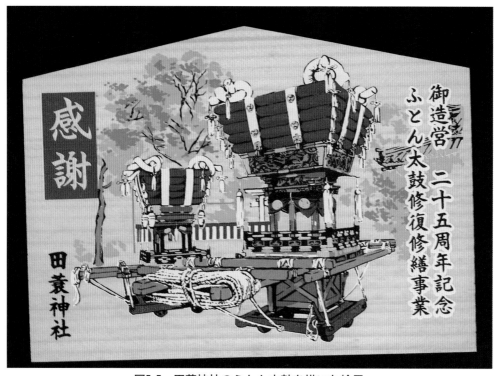

図5-5　田蓑神社のふとん太鼓を描いた絵馬

　山内神社は高知市鷹匠町にあります。創建は明治4年ですが、現在の社殿は昭和
45年に建立されたものです。御祭神は山内一豊公・同夫人以下歴代藩主となってい
ます。絵馬には祭礼を描いたものがありました（図5-6）。

図5-6　山内神社の絵馬

　長浜八幡宮は延久元（1069）年の創建で、御祭神は応神天皇、仲哀天皇、神功皇后
です。

図5-7　長浜八幡宮の絵馬

曳山祭は四百有余年の伝統を誇る日本三大山車祭（だしまつり）の一つでもあります。平成28年にはユネスコの無形文化遺産に登録されています。長浜八幡宮の絵馬には山車を描いています（図5-7）。

コラム3　　一生行かなそうな都道府県

「一生行かなそうな都道府県」というのをJタウン研究所がアンケート調査を行った結果では（総数3997票）、上位5県は以下の表のようになっています。

順位	都道府県名	票数	％
1位	佐賀県	458	11.5
2位	島根県	312	7.8
3位	福井県	231	5.8
4位	茨城県	184	4.6
4位	鳥取県	184	4.6

　第1位が佐賀県となっています。お隣の長崎県は39位で8票であり、熊本県も36位で19票、福岡県も42位で6票であるのに。佐賀県には有名観光地がないのでしょうか。ちなみに大阪府は37位で、11票です。京都府と奈良県は44位で、4票です。東京都は34位で23票です。神奈川県は46位で3票、静岡県は47位で2票となっています。

　佐賀県には伊万里の焼き物や唐津には虹の松原もあるのにと思います。2位の島根県も出雲大社を筆頭に、宍道湖、石見銀山などがあるのにと思います。3位の福井県は東尋坊、芦原温泉が有名ですし、恐竜でも有名です。これでは人を引きつける魅力が足りないのでしょうか。新幹線の開通で、東京から金沢市を訪れる人が増加したということですから、交通の便も関係するとは思いますが、佐賀県は交通の便は良いのにと思う次第です。

　4位の茨城県は筑波山と水戸の偕楽園ぐらいしか、有名観光地がないということになりますか。同じく4位の鳥取県は鳥取砂丘と大山ぐらいが有名観光地ということでしょうか。島根県、鳥取県、福井県は交通の便も悪いのかもしれません。

　京都府と奈良県はやはり観光地として認識されているということになります。静岡県は富士山が一番ということでしょうか。浜名湖や伊豆、熱海も静岡県です。富士山は山梨県とも言えますが、山梨県は28位、44票です。富士吉田市や河口湖は山梨県です。神奈川県は横浜、鎌倉、湘南などが魅力的なのでしょうか。東京に近いのも有利なのかもしれません。

　社寺は全国各地にあります。私は一応全都道府県を訪れています。それでも、大阪から遠い山形県、秋田県、青森県、岩手県はあまり訪れていません。なお、秋田県は

母の出身地でもあり、私は幼少の頃、現在の由利本荘市で祖母と生活を共にしていました。し、戦時中も小学校3年生の半年間縁故疎開で住み、終戦は由利本荘市で知りました。快晴の日だった記憶があります。しかし、冬の雪国は厳しいものでした。

6 馬を描いたもの

和歌山県橋本市にある隅田八幡神社の絵馬は馬を描いたものです。流鏑馬でしょうか（図6-1）。

図6-1　和歌山県橋本市にある隅田八幡神社の絵馬

佐賀市にある龍造寺八幡宮の絵馬は馬を描いています（図6-2）。

図6-2　佐賀市の龍造寺八幡宮の絵馬

四日市市にある志氏神社の祭神は気吹戸主神、伊邪那岐命、伊邪那美命です。およそ2000年前、垂仁天皇の御代の鎮座とされています。天武天皇が皇子のとき、桑名への途次、迹太川の畔で、伊勢の皇大神宮を遥拝され、その際「シデ」（御幣）を垂らして禊祓いをされたことから「志氏」の名前がおこり社名となったと御由緒に記されています。

　志野焼狛犬は江戸時代のもので、阿吽のいずれも片足が折られています。伝承によると神様の御守りをおろそかにして、神社の外に遊びに出かけないように足を折られて以来、志氏神社を守り続けているといいます。絵馬は馬を描いたものを拝受しました。神社名がないので朱印を押して頂きました（図6-3）。

図6-3　志氏神社。四日市市

「Jタウンネット調査」で「一生行かなそうな都道府県ランキング」というのが発表されています（コラム3参照）。3997名から回答があり、その1位になったのが佐賀県です。458名（11.5％）もいました。2位は島根県で312名です。佐賀県は人気のない地域のようです。佐賀県にある武雄温泉を訪れました（図6-4）。

　この楼門は辰野金吾工学博士設計によるもので、2階天井には子、卯、午、酉が描かれています。残る8個は東京駅にあります。

図6-4　武雄温泉（公衆浴場）の入り口にある楼門

武雄神社を訪れ、絵馬を拝受しました（図6-5）。

図6-5　武雄神社の絵馬は流鏑馬を描いています

JR長崎本線の肥前鹿島駅からタクシーで祐徳稲荷神社を訪れました。百段ほどの石段を登り、本殿に到着します。絵馬の一つは馬を描いています（図6-6）。

図6-6　祐徳稲荷神社の絵馬

　佐賀市にある佐嘉神社にも馬の絵馬があります（図6-7）。

図6-7　佐嘉神社の絵馬

兵庫縣姫路護國神社にも、馬を描いた絵馬がありました（図6-8）。

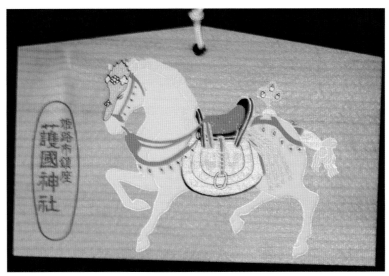

図6-8　兵庫縣姫路護國神社の絵馬の一つで馬を描いている

多田神社は兵庫県川西市にあります。阪急電車の川西能勢口駅からタクシーで行きました。京都市南区にある六孫王神社、羽曳野市にある壺井八幡宮とともに「源氏三神社」の一つとされています。清和源氏発祥の地でもあります。創建は天禄元（970）年といいます。源満仲、源頼光、源頼信、源頼義、源義家の五公を祀っています。絵馬には騎乗姿の武士が描かれています（図6-9）。

図6-9　兵庫県川西市にある多田神社の絵馬

広島県福山市にある福山八幡宮にも馬を描いた絵馬があります（図6-10）。

図6-10　福山八幡宮の絵馬の一つ

兵庫県芦屋市にある芦屋神社の絵馬の一つに馬を描いたものがありました（図6-11）。

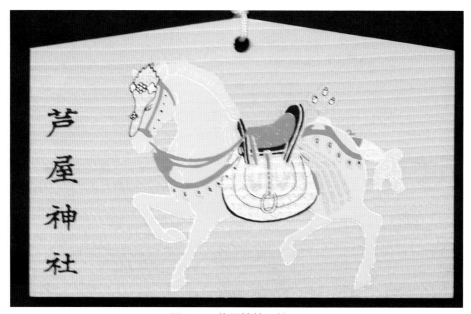

図6-11　芦屋神社の絵馬

芦屋神社は阪急神戸線よりも山手にあります。天穂日命が六甲山頂にある磐座に降臨され、出雲へ向かわれたという言い伝えがあり、里宮として命を祀るお社を建てたのが始まりとされています。社殿は天神山にあり、昔は天神（天津神）を祀る神社という意味で天神社と呼ばれていました。明治40年ごろ、神社合祀令によって芦屋村に点在する数々の神社を合祀し、芦屋総鎮守となったとのことです。昭和21年に芦屋神社に改称されました。主祭神は天穂日命ですが、ほか23柱の神様をお祀りしています。

堺市南区にある多治速比売神社は荒山宮とも言います。創建は西暦530年（宣化天皇の時代）ごろと伝えられています。現在の本殿は室町時代の天文8年から13年（1539〜1544年）の建造物で国の重要文化財に指定されています。主祭神は女神・多治速比売です。境内には13の末社があり主祭神と合わせて荒山宮と呼ばれています。周囲は荒山公園で、梅林があります。第42代内閣総理大臣鈴木貫太郎の崇敬の念が深かった神社です。氏子参集殿には海軍中将鈴木貫太郎名で「敬神崇祖」と書かれた扁額が揚げられています。絵馬の一つは馬を描いています（図6-12）。

高知大神宮は高知城の入り口近くにあります。明治12年の創建ということです。

図6-12　堺市南区にある多治速比売神社の絵馬

主祭神は天照大神です。絵馬には馬を描いています（図6-13）。境内によさこい稲荷神社がありましたが、絵馬はありません。

図6-13　高知大神宮の絵馬

　名古屋市大須にある大須観音を小雨の降る中再訪しました。午前中だったせいか、参拝者はまばらでした。以前の本に多くの絵馬を掲載しましたが、新たに大須馬の塔と書かれた絵馬を見付けました（図6-14）。

図6-14　大須観音の絵馬

7 ハート型の絵馬

　近年はハート型の絵馬も多いのでハート型をまとめることにしました。和歌山県九度山にある慈尊院にはハート型の絵馬があります。色は３種類ぐらいありますが、その中の緑色のものを示します（図7-1）。

図7-1　慈尊院の絵馬の一つ

　三河の三ヶ根観音は山の上にあり、タクシーで向かいます。見晴らしのよい場所にあり、戦没者を祀っています。絵馬は縁結びの絵馬です（図7-2）。八剣神社は蒲郡からタクシーで向かいます。ハート型の絵馬で願い事を書くようになっています（図7-3）。

図7-2　三ヶ根観音の絵馬

図7-3　八剣神社の絵馬

姫路市にある播磨国総社、射楯兵主神社（いたてひょうずじんじゃ）のハート型の絵馬は中に「51」と書いてあります。これは「こい」の意味だそうです（図7-4）。

図7-4　姫路市にある射盾兵主神社の絵馬

神戸一宮神社の縁結びの絵馬はハート型です（図7-5）。三宮駅の近くにあります。

図7-5　神戸一宮神社の絵馬

神戸市にある生田神社の絵馬の一つはハート型で裏面に神社名が記されていました（図7-6）。

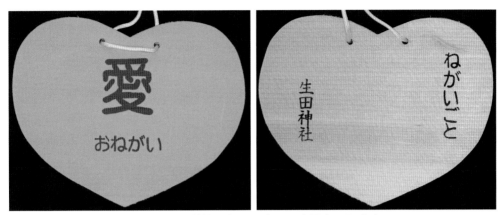

図7-6　生田神社の絵馬の表面と裏面を示します

堺市南区にある多治速比売神社のえんむすびの絵馬（図7-7）を示します。赤い線と青い線で男女を表しているのかもしれません。

図7-7　多治速比売神社の絵馬

梨木神社は京都市上京区寺町通にあります。京都御所に接しています。バスでは府立文化芸術会館前（府立医大病院前）からは近いようですが、電車の駅からは遠い場所にあります。偶然知った神社です。京都は頻回に訪れていますが全く気づかなかった神社です。創建は明治18年で、三條實萬公と三條實美公を祭神としています。幕

末から明治にかけて活躍されたそうです。御神木の桂の木は、葉がハートの形をしていることから、「愛の木」という名称で親しまれてきたということです。絵馬はこれに因んだものでしょう（図7-8）。

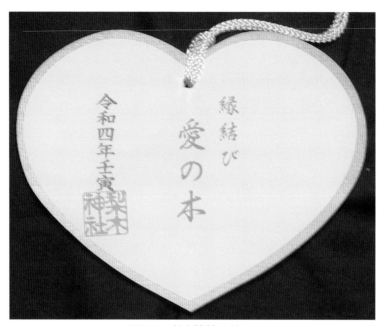

図7-8　梨木神社の絵馬

8 名物を描いたもの

社寺にとっての名物やお宝を描いた絵馬もあります。大阪市にある綱敷天神社には衣服を描いた絵馬があります（図8-1）。

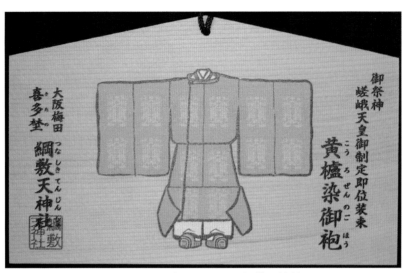

図8-1　大阪市北区にある綱敷天神社

和歌山県にある丹生官省符神社の絵馬の一つは魔除、厄除の獅子頭を描いています（図8-2）。

図8-2　丹生官省符神社

佐賀県の武雄神社には樹齢3000年の楠があり、それを絵馬に描いています（図8-3）。

図8-3　武雄神社、樹齢3000年の大楠

三重県四日市市の鵜森神社の絵馬には社宝の兜が描かれています（図8-4）。平安時代中期に藤原秀郷別名「俵藤太」が大ムカデを退治した時に、琵琶湖の龍神から送られたものと伝えられているといいます。

図8-4　三重県四日市市にある鵜森神社の絵馬は社宝の兜を描く

　水無瀬神宮は大阪府三島郡島本町にあります。御祭神は82代後鳥羽天皇、83代土御門天皇（後鳥羽天皇第1皇子）、84代順徳天皇（後鳥羽天皇第3皇子）です。後鳥羽天皇の水無瀬離宮のあった場所に造られた神社です。承久の乱で後鳥羽天皇は隠岐に、順徳天皇は佐渡に、土御門天皇は土佐に遷御になり、都に戻る事は叶いませんでした。江戸時代まで仏式でしたが、明治6年に神社に制定されました。大阪府で唯一の神宮です。境内には名水があり、水をもらいにくる人もいました。絵馬の一つは燈心席（茶室、国指定重要文化財）を描いたものです（図8-5）。

図8-5　水無瀬神宮の絵馬の一つ

　離宮八幡宮は京都府乙訓郡大山崎町にあります。東海道線の山崎駅を下車するとすぐ近くになります。清和天皇が貞観元（859）年に宇佐八幡宮から分霊し、石清水八幡宮が建立されたのが始まりとされています。その後、嵯峨天皇の離宮「河陽離宮」跡であったので、社名を離宮八幡宮としました。現在の淀川を挟んで対岸にある男山にある「石清水八幡宮」の元社になります。

　神官の一人が「長木」という荏胡麻の油搾り器を発明し、荏胡麻油の製油を始めました。朝廷から「油祖」の名を賜りました。中世になると大山崎の油生産は活発になりました。油を販売に行くときは天秤棒に油桶を提げ、小売りもしたそうです。絵馬には油売りの絵を描いています（図8-6）。

図8-6　京都府大山崎町にある離宮八幡宮の絵馬

　尼崎市にある水堂須佐男神社は安土桃山時代、天正3（1575）年創建と伝えられています。境内地は古墳（前方後円墳）です。御祭神は須佐之男命です。

　この神社の本殿の天井画は素晴らしいものです。滋賀県の日本画家鈴木靖将が描いたもので「万葉の花」（平成10年作）と名付けられています。東西8m、南北4mの格子天井の杉板全面に165枚、銅鏡、刀剣など古墳副葬品をイメージした大作を中心に配し、その周囲に四季に分けて『万葉集』の歌に詠まれた草花、つばき、かきつばた、ききょう、おみなえし等々をデザイン化して描き、意匠と色彩の傑作ですとのことです。絵馬にはその一部が描かれています（図8-7）。

　芦屋市にある打出天神社は打出小槌町に隣接した春日町にあります。阪神電車打出駅の近くです。絵馬には打出の小槌を描いています（図8-8）。境内には願いが叶う打出の小槌と書かれた石絵馬も設置されています。

　江坂素盞嗚尊神社は吹田市江坂にあります。通称は江坂神社と言います。大阪メトロ御堂筋線の江坂駅と北大阪急行緑地公園駅との間にあります。古くからの神社のようですが、明治初年の神仏分離令により、現在の社号に改めたとのことです。絵馬

図8-7　水堂須佐男神社は神殿の天井画を絵馬に描く

図8-8　兵庫県芦屋市にある打出天神社の絵馬

には素盞嗚尊のおろち退治の様子を描いています（図8-9）。

図8-9　江坂素盞嗚尊神社の絵馬

9　植物を描いた絵馬

　大阪府泉佐野市にある奈加美神社を参拝したところ、神職は不在で絵馬を拝受できず、やむなく絵馬掛けに吊るされているものを写しました。もちろん参拝し、お賽銭は賽銭箱に投入しています。絵馬に描かれているのは泉州名物の水茄子です（図9-1）。

図9-1　大阪府泉佐野市にある奈加美神社の絵馬

　サムハラ神社は大阪市西区立売堀にあります。この絵馬は知人から頂いたものです。絵馬に書かれている神社名の字はパソコンでは出てきません。全く知らない神社でしたので、後日参拝に訪れました。

　サムハラ神社はビルに挟まれた小さな神社でした。隣には府警機動隊のビルがありました。社務所には待合室があり、椅子も置かれ、トイレもありました。早い時間に訪れたのですが、参拝者が次々と訪れる不思議な神社です。
　御祭神は天之御中主大神、高皇産霊大神、神皇産霊大神の三神と神社の由来に記されていました。「造化三神」と呼ばれているそうです。元は美作国（現、津山市加茂町中原）の日詰山山中に古い祠がありサムハラを伝えるとされていますが年代不詳。昭和25年大阪城内の豊国神社の摂社として岡山より分霊。昭和36年に西区立売

堀に移築したものと記されています。「えんむすび」の絵馬には桜の花を描いていました（図9-2）。

図9-2　大阪市にあるサムハラ神社の絵馬

　姫路市にある廣峯神社は廣峯山の山頂近くにあり牛頭天王総本宮ということで、京都の八坂神社は分祠ということです。合格祈願の絵馬は桜の花を描いています（図9-3）。黒田官兵衛を祀る黒田神社も併設されていました。こちらはかなり新しい神社でした。

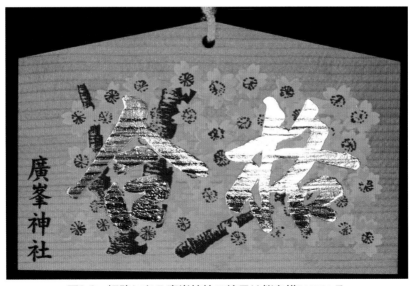

図9-3　姫路にある廣峯神社の絵馬は桜を描いている

　次の絵馬は与論島を象った絵馬（図1-6）と一緒にお送り頂いた絵馬です。与論島とハイビスカスの花と魚を描いています（図9-4）。花が目立つので、この項目にてお示しすることにしました。

図9-4　与論地主神社の絵馬は与論島とハイビスカスの花と魚を描く

　桜井神社は阪神電鉄尼崎駅の近くにあります。桜井神社は初代尼崎城主桜井松平信定公より16代までを御祭神としています。境内からは、尼崎城の天守閣を見ることができます。尼崎城はミドリ電化の創業者により寄贈され、平成31年3月29日から一般に公開されています。絵馬には神社名に因んでか桜の花が描かれています（図9-5）。

図9-5　尼崎市にある桜井神社の絵馬は桜の花を描いています

加古川市にある泊神社の主祭神は天照大神、少彦名神、国懸大神(くにかかすのおおかみ)です。創建は飛鳥時代かと思われます。聖徳太子の側近であった秦河勝が紀伊国から彼の氏神である国懸大神を勧請し社殿を建立したということです。宮本武蔵縁の神社で、1653年宮本伊織が宮本武蔵の供養の意を込めて全社殿を再建したということです。厄除け祈願の絵馬には南天が描かれています（図9-6）。

図9-6　泊神社の絵馬は南天を描く

　JR伊丹駅は有岡城趾にあり、猪名野神社の境内も有岡城趾の一部にあります。主祭神は猪名野坐(いなのにます)大神です。建速須佐之男命(たけはやすさのをのみこと)のことだそうです。

　孝徳天皇の時代に猪名寺に創建され、延喜4（904）年に現在地に遷座したとのことです。
　有岡城は荒木村重の居城でした。荒木村重は途中から織田信長に攻められています。現在石垣は一部残っています。猪名野神社の絵馬は合格祈願のものしかなく、それも廣峯神社と同じ図柄でした（図9-7）。

　綱敷天神社には梅の花を描いた絵馬もあります（図9-8）。

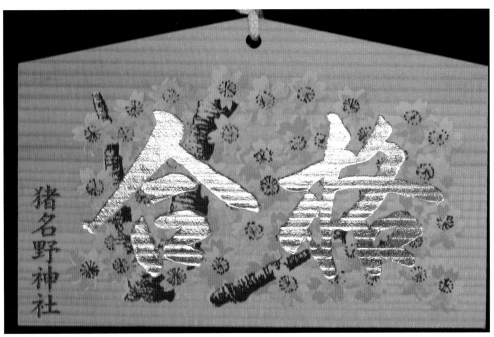

図9-7　伊丹市にある猪名野神社の絵馬

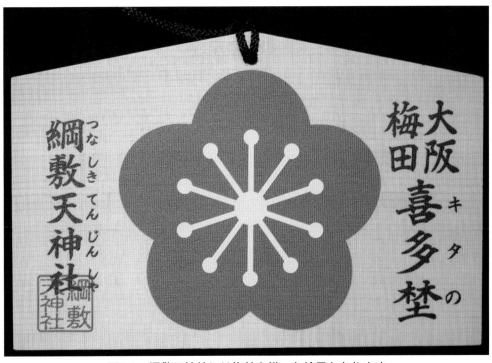

図9-8　綱敷天神社には梅鉢を描いた絵馬もあります

龍田神社は奈良県生駒郡斑鳩町にある神社です。法隆寺の神宮寺として建立された
ものです。合格祈願の絵馬は五角形でサクラの花を多数描いています。（図9-9）。

図9-9　奈良県生駒郡斑鳩町にある龍田神社の合格祈願の絵馬

　龍田大社は奈良県生駒郡三郷町にあります。御祭神は天御 柱 命と国御 柱 命で
<ruby>あめのみはしらのみこと</ruby> <ruby>くにのみはしらのみこと</ruby>
す。別名は志那都比古神と志那都比売神です。天と地の間すなわち大気・生気・風力
を司る神様で「風神」とのことです。創建は2100年前、第10代崇神天皇の時代とい
います。境内は広く立派な神社ですが、狛犬は見当たりません。神社にしては珍しい
ことです。絵馬には楓の葉を描いています（図9-10）。紅葉で有名ということですが、
龍田川は近くを流れていません。龍田神社の近くを流れています。「ちはやぶる神代
も聞かず龍田川からくれないに水くくるとは」（在原業平）の歌が有名です。JR 大和
路線の三郷駅から近い場所にありますが、王寺駅からタクシーで行き参拝しました。

　芦屋神社の絵馬の一つは樹木を描いています。神木樹齢300年のヤマモモを描いた
ものと思われます（図9-11）。

　堺市南区にある多治速比売神社の合格祈願の絵馬には花が描かれていますが、梅の
花のようです。花びらに切れ込みがありません。周囲に梅林があり、梅の名所となっ
ているからでしょう（図9-12）。

図9-10　龍田大社の絵馬は楓の葉を表に、裏には神社名を記す

図9-11　兵庫県芦屋市にある芦屋神社の絵馬

図9-12　堺市南区にある多治速比売神社の絵馬

高槻市にある野見神社の合格祈願の絵馬はサクラの花を描いています。中央上方の
サクラの花は取り外せるようになっています。絵馬掛けに吊るす紐がありません（図
9-13）。少し変わっています。

図9-13　大阪府高槻市にある野見神社の絵馬

　上宮天満宮は２番目に古い天満宮ということです。京都の北野天満宮よりも古いと
いうことです。JR 高槻駅の北側の日神山上にあります。宿禰塚古墳もあります。宝
暦9（1759）年に寄進された芥川石大工西田新九郎正義作の狛犬があります。浪花狛
犬の「上宮型」と言われるものです。学業成就の絵馬には梅と筆が描かれています
（図9-14）。

　吉野にある吉水神社を再訪しました。吉水神社は元吉水院といい吉野山を統率する
修験宗の僧坊でした。明治時代の神仏分離令により、吉水神社となりました。後醍醐
天皇を祭神とし、楠木正成を合祀しています。吉水院としておよそ1300年前に役行
者が創立した、格式の高い僧坊でした。ユネスコの世界遺産に登録された書院があり
ます。義経潜居の間や、後醍醐天皇玉座の間などがあります。文治元（1185）年源義
経と静御前が弁慶とともに隠れ住んだ場所です。後醍醐天皇は吉水院を南朝の皇居と
されました。文禄3（1594）年、豊臣秀吉が吉野で盛大な花見の宴をした際に吉水院
を本陣としています。訪れた日には奥千本は満開のようでしたが、下・中千本は既に
葉桜となっていて、花見としては残念でした。絵馬には、以前の絵馬とは違って、満
開の桜が描かれていました（図9-15）。

図9-14　大阪府高槻市にある上宮天満宮の絵馬

図9-15　吉野にある吉水神社の絵馬はサクラを描く

京都市上京区にある梨木神社は「萩の宮」ともいわれ、京都を代表する萩の名所
で、境内には500株以上の萩が植えられています。絵馬には萩と染井の井戸（京都三
名水の一つ）を描いています（図9-16）。

図9-16　梨木神社の絵馬は萩の花を描く

10 交通安全の絵馬

交通安全を祈願する絵馬もあります。佐賀県にある祐徳稲荷神社の絵馬を示します（図10-1）。

図10-1　祐徳稲荷神社の絵馬

広島県福山市にある備後一宮吉備津神社の絵馬はクラシックカーを描いています（図10-2）。

図10-2　備後一宮吉備津神社の絵馬

埼玉県川越市にある川越氷川神社の絵馬を示します（図10-3）。

図10-3　川越氷川神社の交通安全の絵馬

11 社殿を描いた絵馬

福山市にある備後一宮吉備津神社の本殿（国指定重要文化財）を描いています。慶安元（1648）年に初代の福山城主水野勝成公により造営されたものです（図11-1）。

図11-1　備後一宮吉備津神社の絵馬

大阪市西区にある土佐稲荷神社の本殿を描いた絵馬です（図11-2）。

図11-2　大阪市西区にある土佐稲荷神社の絵馬

大阪府三島郡島本町にある水無瀬神宮の本殿を入り口の鳥居から遠望する絵馬です（図11-3）。

図11-3　水無瀬神宮の絵馬

尼崎市の七松町にある七松八幡神社の祭神は応神天皇です。950年前から祀られているということです。源頼信が創建に関与していると由緒書きには記されています。絵馬には拝殿を描いています（図11-4）。

図11-4　尼崎市にある七松八幡神社の絵馬

　田蓑神社は阪神電車千船駅から徒歩15分ぐらいのところにあります。西淀川区佃にあります。御祭神は住吉三神と神功皇后で、創建は貞観11（869）年ということです。東京の中央区佃にある住吉神社はこの神社の分祠されたものです。絵馬には本殿と鳥居が描かれています（図11-5）。

図11-5　大阪市西淀川区にある田蓑神社の絵馬

　JR加古川駅の近く（600 m）に粟津天満神社はあります。もちろん菅原道真公を祭神とする神社です。創建は元和元年（350年前）です。訪れたときには境内で選挙の出陣式が行われていました。絵馬には本殿が描かれていました（図11-6）。

図11-6　加古川市にある粟津天満神社

加古川市尾上町に浜宮天神社はあります。主祭神は菅原道真公で、脇殿に大国主命と少彦名命が祀られています。延喜元（901）年菅公筑紫左遷の砌当地に休息され、海上の平穏と萬民の幸福を祈願され記念に松樹を植えられました。文安元（1444）年8月に社殿を建立し、学問の神様として祀ったのが起源とされています。浜の宮名勝林は加古の松原の一部といいます。絵馬は社殿と松林を描いています（図11-7）。

図11-7　兵庫県加古川市にある浜宮天神社の絵馬

　龍田神社は奈良県生駒郡斑鳩町龍田にある神社です。龍田川の近くにあります。在原業平の「ちはやぶる神代も聞かず龍田川からくれないに水くくるとは」や能因法師の「嵐吹く三室の山の紅葉は龍田の川の錦なりけり」の和歌に詠まれている龍田川です。三室山（82m）は龍田川の近くにある低い山です。JR大和路線の王寺駅からタクシーで行きました。『延喜式』神名帳には祭神は「龍田比古龍田比女神の二柱」と記されています。神社の由緒には産土神、風宮龍田神社の御祭神は天御柱大神、国御柱大神の二荒魂と龍田比古大神、龍田比女大神、陰陽二柱であると記されています。聖徳太子（16歳）が法隆寺建立を企てられ、龍田川（平野川）の辺りに伽藍建設地を探されていました。そのとき聖徳太子は椎坂山で白髪の老人に顕化した龍田大明神に逢い、まだらばと（斑鳩）で指示してもらった地を法隆寺建設地とされました。そのため太子は法隆寺建立と同時に御廟山南麓の地に鬼門除神として龍田大明神を移し祀られました。創建は法隆寺と同じときとなります。絵馬には拝殿を描いています（図11-8）。

図11-8　奈良県生駒郡斑鳩町にある龍田神社拝殿を描いた絵馬

　三重県名張市にある宇流冨志禰神社は名張駅から近く、名張川の右岸にあります。天正伊賀の乱で兵火に遭い、社殿は焼失したといいます。創建は９世紀には実在したと思われるということです。主祭神は宇奈根神です。宇奈根神とは名張川に坐す水神で、治水の神として祀られたというのが妥当かと記されています。神社の御神体である赤岩がおかれている場所が、名張川のうねりの側にあります。絵馬には社殿とともに人物が描かれていますが、何者かは不明です。神職が本殿でお祓いの最中で、絵馬を拝受できず、絵馬掛けの絵馬を示します（図11-9）。

図11-9　三重県名張市にある宇流冨志禰神社の絵馬

鹿児島県護国神社は鹿児島市草牟田２丁目にあります。鹿児島県立鹿児島工業高校の向かいです。明治維新以降の国事に殉じた鹿児島県出身の殉死者や殉職した自衛官、警察官、消防士などを祀る神社です。明治元年に鳥羽・伏見の戦いの戦死者を祀るために創建された靖献霊社<ruby>靖献霊社<rt>いさたまれいしゃ</rt></ruby>にはじまります。当初は照国神社の右手横にあったそうですが、昭和23年に現在地に遷座し、昭和26年に現社名になったということです。境内には雨にもかかわらず、参拝者を多数認めました。絵馬には本殿を描いています（図11-10）。

図11-10　鹿児島県護国神社の絵馬

　長浜市にある豊国神社はJR長浜駅の近くにあり、豊臣秀吉公を祀る神社です。江戸時代のことなので、寛政５（1793）年に「えびす宮」として創建され、隠れて太閤さんを祀ったということです。大正９年にはれて豊国神社となったそうです。御祭神は豊臣秀吉公、加藤清正公、えびす様、木村長門守重成公です。絵馬には鳥居と社殿の一部に五七の桐の紋章が描かれています（図11-11）。

図11-11　長浜市にある豊国神社の絵馬

　狛犬は神社を訪れると、参道で迎えてくれます。この参道狛犬について少し記します。

　狛犬の「こま」とは高句麗に由来すると多くの書物に記されています。高麗犬です。高句麗は狛とも記されていたので、狛犬になったという説です。中国から高句麗を経由して日本に伝わったのではないかと考えられています。もちろん異説もあります。大本はエジプトのスフィンクスが発祥であるということです。スフィンクスはピラミッドの前に置かれて、王の墓を守っているということです。それが中国に伝わり、高句麗を通り日本に仏教とともに伝わったのです。日本にはいつごろからあるのかというと『枕草子』(成立は996〜1008年頃) 278段に「御簾よりはじめて、昨日かけたるなめり、御しつらひ、獅子、狛犬など、いつのほどにか入りいけむとぞをかしき。」とあり、御簾の前に置物として飾られたとの記載があります。室内の調度品ということになります。

　後の吉田兼好 (1283 − 1352) の『徒然草』236段には「丹波に出雲というところあり、大社をうつして、めでたく造れり。」とあり、この神社 (丹波一の宮である出雲大神宮。亀岡市) の狛犬の向きが変わっていた話が記されています。子供のいたずらで、背中合わせに置かれていたのです。神殿に置かれた木造の狛犬と思われます。『徒然草』は1349年頃にまとめられたとされています。日本で現存する参道石造の狛犬で、もっとも古いのは東大寺南大門の中にあり、建久年間 (1190〜1199年) に宋人が中国から石を取り寄せて作ったものです。丹後の籠神社 (丹後一の宮です。宮津市) には、鎌倉時代 (1300年代初め) の重要文化財に指定されている狛犬があります。

　狛犬の形は向かって右側は口を開けた像で、左側は口を閉じた像で、阿吽の形が多いのですが、ときには二体とも口を開けたものもあります。左側の狛犬には頭部に一本の角を生やしている像もあります。右側は獅子で、角のある左側が狛犬となりますが、両方を合わせて狛犬と言います。普通は「お坐り」の形ですが、「逆立ち」をしているものや、「前脚を低く、後ろ脚を高くした」形や「寝そべった」形のものもあります。前脚で玉を押さえているものや前脚に子供の狛犬がからんでいるものもあります。狛犬の変形として、関東の神社には獅子山があります。

　神社以外にも狛犬が設置されているところがあります。横浜や神戸の中華街ではお店の前に置かれています。また、沖縄県のシーサーも狛犬の一種と思われますが、多くは屋根の上に設置されています。

　狛犬の材料は木材、石材、ブロンズ、焼き物などがあります。社殿の中に設置され
ているものは木材が多いようです。参道に設置されているものは、風雨にさらされる
ので、石材、ブロンズ、焼き物となっています。石像の参道狛犬は風雨に打たれて、
元の面影がなくなっている場合もあります。お寺の境内でも狛犬を見ることがありま
す。境内に神社がある場合などがそうです。姫路にある西国27番札所の圓教寺には
堂内に狛犬が展示されています。絵馬に狛犬が描かれていることもあります。丹後一
の宮である籠神社の絵馬は狛犬を描いています。また、高千穂神社の絵馬も狛犬を描
いています。いずれも、以前の本に掲載しています。

12 干支の絵馬

干支の絵馬しか置いていない神社も多いのですが、神社独自の絵馬の他に干支の絵馬も置いている神社もあります。大阪市西淀川区にある姫嶋神社の子年の絵馬を示します（図12-1）。

図12-1　姫嶋神社の絵馬

三重県松阪市にある本居宣長ノ宮の絵馬を示します（図12-2）。厄除けと書いた矢を牛がくわえています。

図12-2　三重県松阪市にある本居宣長ノ宮の絵馬

三重県松阪市の松阪神社の干支の絵馬は牛の親子づれを描いています（図12-3）。

図12-3　松阪神社の絵馬

三重県護国神社の干支の絵馬は車輪の付いた宝船を牛が引っ張っている絵柄を描いています（図12-4）。

図12-4　三重県護国神社の絵馬

姫路市にある廣峯神社の干支の絵馬は牛が米俵を背中に載せています（図12-5）。

図12-5　廣峯神社の絵馬

横浜市保土ヶ谷区にある橘樹神社を訪れました。御祭神はスサノヲノミコト（素盞男尊）、創建は文治2（1186）年とされています。京都祇園社の御分霊を勧請奉祀したといいます。絵馬には米俵を載せた車を引っ張っている牛が描かれています（図12-6）。

図12-6　横浜市保土ヶ谷区にある橘樹神社の絵馬

　津市にある三重県護国神社には画家が描いた牛の親子づれの絵馬もあります（図12-7）。

図12-7　三重県護国神社の絵馬

　三重県津市にある高山神社は藤堂高虎を祀る神社です。社務所に人影もなく、御朱印も絵馬も入手できず、絵馬掛けに吊るされていた絵馬を示します（図12-8）。

図12-8　三重県にある高山神社の絵馬

神戸八宮神社は六宮神社と同じ場所、中央区楠町にあります。神戸一宮神社から七宮神社までは全て同じ町名の場所に神社があります。例外の神社のためでしょうか（図12-9）。

図12-9　神戸八宮神社の絵馬

　JR東海道線山崎駅の近くにある離宮八幡宮の干支の絵馬は米俵を３俵も背負った牛が描かれています（図12-10）。

図12-10　離宮八幡宮の絵馬

　尼崎市にある富松神社の御祭神は素盞嗚尊です。創建は1250年前。本殿は1636年に再建されたもので、兵庫県の重要文化財に指定されています。富松神社には干支の絵馬しかなく、神社名は裏面に焼き印を押したものでした（図12-11）。これは横浜市の橘樹神社と同じ絵柄（図12-6）です。

図12-11　尼崎市にある富松神社の絵馬

　大阪府交野市にある磐船神社は『日本書紀』、『古事記』にも記載のある神社で、御祭神は物部氏の遠祖とされています。干支の絵馬は図12-12に示します。

図12-12　磐船神社の干支の絵馬

大阪府池田市にある八坂神社の干支の絵馬を示します（図12-13）。

図12-13　池田市にある八坂神社の干支の絵馬

　池田市にある愛宕神社は五月山にありますが、有料道路で行くことになり、料金
は300円です。御祭神は火之迦具 土 大神、武甕 槌 大神、佐伯部祖神の三柱といいま
す。火之迦具土大神は火之元神ということです。絵馬は干支の絵馬のみ。日本最初の
愛宕神社といいます。

図12-14　池田市にある愛宕神社の絵馬

宝塚神社は阪急今津線の逆瀬川駅と小林駅の中間にあり、小高い丘の上にあり、宝塚市街を一望できます。主祭神は大山祇尊と須佐之男命です。絵馬は干支の絵馬しかなく、神社印はありますが、池田市の愛宕神社と全く同じです（図12-15）。

図12-15　宝塚神社の絵馬

三輪神社は兵庫県三田市三輪にあります。御祭神は大己貴命（＝大国主命）です。大和の大神神社より分祠されたもので8世紀中頃にはあったとされています。神社名のない絵馬なので、神社名を入れて頂きました（図12-16）。

図12-16　兵庫県三田市にある三輪神社の絵馬

伊和志津神社は宝塚市随一の古社という。阪急今津線逆瀬川駅から近くにあります。創建は延喜年間（901〜923年）以前と考えられています。御祭神は須佐之男命です。絵馬の一つは丑の字を描いています。裏面に神社名があります（図12-17）。

図12-17　宝塚市にある伊和志津神社の絵馬

　野田恵美須神社は大阪メトロ千日前線玉川駅やJR野田駅の近くにあります。創建は不詳ですが、900年以上の歴史があります。干支の絵馬は牛車を描いています（図12-18）。

図12-18　野田恵美須神社の絵馬

…兵庫県高砂市にあり、最寄り駅は JR 山陽本線曽根駅になります。駅か…す。御祭神は武甕槌命（たけみかつちのみこと）と経津主命（ふつぬしのみこと）の二神です。創建は聖武天皇の頃…。平成10年には高さ20 m、幅35 m のチタン製の大鳥居が参道入り口…。絵馬は干支のものしかありません（図12-19）。

図12-19　兵庫県高砂市にある鹿嶋神社の絵馬

御香宮（ごこうぐう）は近鉄京都線の桃山御陵前駅で降りるとすぐの場所にあります。御祭神は神功皇后を主祭神とし、仲哀天皇、応神天皇ほか六神を祀っています。はじめは「御諸（みむろ）神社」と称しましたが、平安時代貞観4（862）年9月9日に、この境内から「香」のよい水がわき出したので、清和天皇より「御香宮（ごこうぐう）」の名前を賜ったといいます。現在の本殿は徳川家康の命により慶長10（1605）年建立されたもので、豪華です。国指定重要文化財です。表門は伏見城大手門を移したもので、国指定重要文化財です。絵馬堂には古い奉納された絵馬が多数納められていました。絵馬は干支の絵馬で平凡です（図12-20）。虎というよりは猫の雰囲気です。

桜井神社は堺市南区にあります。上神谷（にわだに）八幡宮とも言います。御祭神は応神天皇（第15代天皇）、仲哀天皇（第14代天皇）、神功皇后（仲哀天皇皇后）です。延長5（927）年成立の『延喜式』神名帳には記載されています。鎌倉時代前期に建立された拝殿は堺市唯一の国宝に指定されています。拝殿と「上神谷（にわだに）のこおどり」を描いた絵馬は以前の著書に掲載しています。

図12-20　御香宮の干支の絵馬

売上カード

続々 社寺を参拝して、絵馬コレクション

発行　東京図書出版

発売　リフレ出版

東 禹彦 著

定価 1,600円+税

9784866416144

ISBN978-4-86641-614-4

C0095 ¥1600E

図12-21　堺市南区の桜井神社の絵馬

　滋賀県近江八幡市にある沙沙貴神社はJR琵琶湖線の安土駅を降りて徒歩15分ぐらいのところにあります。佐々木氏発祥の地とされています。干支の絵馬を示します（図12-22）。

図12-22　沙沙貴神社の絵馬

　上新田天神社は北大阪急行（大阪メトロ御堂筋線）の千里中央駅から南へ徒歩10分弱のところにあります。通称千里天神です。干支の絵馬を示します（図12-23）。

図12-23　上新田天神社の干支の絵馬

淡路島弁財天厳島神社は洲本市にあります。弁天様を描いた絵馬は以前掲載していますので、今回は干支の絵馬を示します（図12-24）。

図12-24　淡路島弁財天厳島神社の絵馬

大阪府守口市にある守居神社の創建は延喜18（918）年といいます。御祭神は素盞嗚尊、賀茂別　雷　神です。明治40年に守口の総氏神として守居神社に改称されたとのことです。絵馬は干支の絵馬しかありません（図12-25）。

図12-25　守居神社の絵馬

　大阪市大正区にある八坂神社の創建は中村勘助翁が正保4（1647）年京都祇園の八坂神社より三軒家村丸島（姫嶋）に御分霊を勧請したのが始まりとされます。御祭神は素盞嗚尊、天之穂日命、応神天皇です。絵馬の一つは干支の絵馬です（図12-26）。

図12-26　大阪市大正区にある八坂神社の絵馬

　大須観音の干支の絵馬を示します（図12-27）。

図12-27　名古屋市にある大須観音の干支の絵馬

鹿児島神社は鹿児島市草牟田にある神社で、鹿児島県護国神社に隣接しています。創建年代は不詳ですが、平安前期以前に創建されたものと考えられています。鹿児島県一円の地主神と伝えられています。御祭神は豊玉彦命、天津日高彦火火出見尊、豊玉姫命、豊受大神の四柱です。昔は錦江湾に浮かぶ「神瀬の小島」なる島に鎮座していたと言われています。絵馬は干支の絵馬でしたが、立派な虎の絵が描かれていました（図12-28）。

図12-28　鹿児島神社の干支の絵馬

　筑波山神社の絵馬は筑波山を背景に虎（猫のような）の親子を描いています（図12-29）。

図12-29　筑波山神社の干支の絵馬

コラム5　十二の付くもの

　十二という文字の付くものとしては十二支がありますが、その他にも十二神将とか、十二縁起（因縁）とかがあります。また、キリスト教では十二使徒がありますし、星座占いでも十二星座があります。衣服では十二単衣というのもあります。12個で1ダースと言います。十二というのは縁起の良い数なのでしょうか。1年は12カ月となっています。1日は12の2倍の24時間です。

　十二支では子、丑、寅、卯、辰、巳、午、未、申、酉、戌、亥の動物が選ばれていますが、辰（龍）は架空の動物です。起源は中国ですが、龍（辰）は皇帝の意匠などにも描かれている身近な動物なので選ばれたのでしょうか。なお、日本の龍の爪は3本が多いのですが、中国の龍では爪は5本です。十二支の起源は古く中国の殷の時代にすでにあったようです。

　古代中国では、木星は年を数えるために必要な「歳星」と呼ばれ重要な星とされていました。そのため、人々は年を数えるために木星の位置の確認が必要でした。地球は1年で太陽の周りを1周しますが、木星の場合は約12年の歳月をかけてゆっくりと太陽の周りを1周します。12年かけて天を1周するので、12種類の位置が存在します。この12種類の位置をカウントするために作られた数え方が「十二支」とされています。春秋戦国時代に、庶民が覚え易くするために、動物の名前を当てはめたとされています。これが「十二支」の由来かもしれませんし、十二となった理由かもしれません。

　十二神将は薬師如来を守護するとされる十二の仏尊です。新薬師寺にある十二神将像が有名です。興福寺東金堂の十二神将像も国宝です。頭上に十二支の動物を載せているものも多くあります。

　十二神将と本地仏、十二支の関係の一例を示します。

漢名	読み	本地仏	十二支
宮毘羅大将	くびら	弥勒菩薩	子
跋折羅大将	ばさら	勢至菩薩	丑
迷企羅大将	めきら	阿弥陀如来	寅
安底羅大将	あんてら	観音菩薩	卯
末儞羅大将	まにら	如意輪観音	辰
珊底羅大将	さんてら	虚空蔵菩薩	巳

因陀羅大将	いんだら	地蔵菩薩	午
波夷羅大将	はいら	文殊菩薩	未
摩虎羅大将	まごら	大威徳明王	申
真達羅大将	しんだら	普賢菩薩	酉
招住羅大将	しょうづら	大日如来	戌
毘羯羅大将	びから	釈迦如来	亥

十二支との関係は他にも幾つかあります。ここに示したのは一例です。

星座占いでは十二の星座があります。星座と誕生日との関係は以下の通りです。

星座	読み方	誕生日
牡羊座	おひつじざ	3月21日～4月19日
牡牛座	おうしざ	4月20日～5月20日
双子座	ふたござ	5月21日～6月21日
蟹座	かにざ	6月22日～7月22日
獅子座	ししざ	7月23日～8月22日
乙女座	おとめざ	8月23日～9月22日
天秤座	てんびんざ	9月23日～10月23日
蠍座	さそりざ	10月24日～11月22日
射手座	いてざ	11月23日～12月21日
山羊座	やぎざ	12月22日～1月19日
水瓶座	みずがめざ	1月20日～2月18日
魚座	うおざ	2月19日～3月20日

　生まれた日によって運命が決まるという星座占いは奇妙なものです。しかし、人気は高いようです。星座と星座の間の境界が微妙にずれているのも、占いに興味のない私のような素人には不思議です。

　十二天将というのもあり、朱雀は南の守護神、青龍は東の守護神、玄武は北の守護神、白虎は西の守護神となっています。

13 文字を主に描いている絵馬

　藤井寺市にある菅原道真公に縁のある道明寺の絵馬は年始に数量限定で授与されています。手書きの絵馬で、年初に参拝しないと入手できません。例年可愛らしい絵が描かれていたので、前著でも幾つか掲載しました。ところが、令和2年からは干支の文字一字を書くものになったようです。子年（図13-1）と丑年（図13-2）を掲載することにしました。

図13-1　藤井寺市にある道明寺の子年の絵馬

図13-2　藤井寺市にある道明寺の丑年の絵馬

泉佐野六社参りというのが、元旦から1月15日まで行われているのですが、この季節以外に訪れると、神職不在の神社もあり、御朱印も絵馬も頂けないことになります。意賀美_{おかみ}神社の絵馬は厄を割るという意味を表したもので、同じ様式の絵馬は他所にもあります（図13-3）。

図13-3　泉佐野市にある意賀美神社の絵馬

　加支多神社は南海本線鶴原駅の近くにある神社です。絵馬には弓矢八幡と記されています（図13-4）。

図13-4　泉佐野市にある加支多神社の絵馬

南海本線貝塚駅の近くにある感田神社の絵馬は3個の紋章を描いています（図13-5）。

図13-5　感田神社の絵馬

　金剛寺は愛知県蒲郡市三谷温泉の近くにあります。高野山真言宗のお寺です。巨大な子安弘法大師像があります。絵馬には五三の桐とともに心願と記されています（図13-6）。

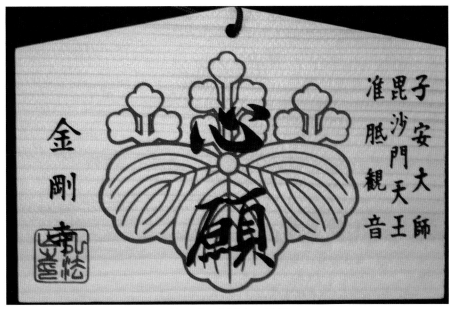

図13-6　金剛寺の絵馬

佐賀県にある祐徳稲荷神社の絵馬の一つに左馬を書いたものがありました（図13-7）。

図13-7　祐徳稲荷神社の絵馬

近鉄大阪線八尾駅の近くに八尾天満宮があります。絵馬はほとんど何も記されていないものでした（図13-8）。願い事は沢山書けるということになります。

図13-8　大阪府八尾市にある八尾天満宮の絵馬

　桑名市江場の氏神である神館神社は、垂仁天皇が桑名へ遷幸の際、休泊所として神館が建てられ、その旧跡に御厨神社として、当社が創建されたと御由緒書きにあります。絵馬は神社の印が押されているだけのものでした（図13-9）。

図13-9　桑名市の神館神社の絵馬

　神戸市の二宮神社にも左馬の文字を書いた絵馬があります（図13-10）。

図13-10　神戸市にある二宮神社の絵馬

金山神社は全国各地にあります。浜松市にある金山神社を訪れましたが、社務所に人はなく、絵馬掛けの絵馬を写真に写したものを示しています。中央に蝶番を描いて、番い絵馬ということです（図13-11）。

図13-11　浜松市にある金山神社の絵馬

住吉大社は摂津一宮です。大阪難波から南海本線の各駅停車に乗り住吉大社駅で下車するとすぐです。絵馬の一つを示します（図13-12）。

図13-12　住吉大社の絵馬の一つ

サムハラ神社の病気平癒の絵馬を示します（図13-13）。

図13-13　サムハラ神社の絵馬の一つ

　神戸二宮神社は中央区二宮町にあります。御祭神は正勝吾勝勝速日天之忍穂耳 尊で、天照大神の御子神といいます。創建は古く、神功皇后が摂政元年に生田の大神を祀りし折、二番目に当社を参拝したことから、社名を二宮神社と称するようになったということです。絵馬の一つは「叶」の文字を書いています（図13-14）。

図13-14　神戸二宮神社の絵馬

走水神社は神戸市中央区元町にある神社です。阪神高速線「西元町駅」から３分の
ところにあります。御祭神は天照皇大神、応神天皇、菅原道真公です。地元では「神
戸元町の天神さん、厄神さん」と呼ばれているそうです。創建は平安時代とのことで
す。本殿の前には狛犬の代わりに、狛牛が一対置かれているのでした。絵馬は社の紋
章を描いたもの（図13-15）と社名を記したもの（図13-16）でした。

図13-15　走水神社の社紋を描いた絵馬

図13-16　走水神社の社名を描いた絵馬

　泉佐野市の八幡神社は南海電鉄羽倉崎駅の近くにあります。絵馬には社紋でしょうか？　を描いています（図13-17）。

図13-17　泉佐野市にある八幡神社の絵馬

　三重県四日市市にある鵜森神社の合格祈願の絵馬を示します（図13-18）。

図13-18　四日市市にある鵜森神社

尼崎えびす神社の絵馬の一つに恋結び、縁結びの絵馬があります。赤い字の「えびす」の字の横に、黒色で「んむ」を加えて「えんむすび」としているのは面白い趣向と感心しました（図13-19）。

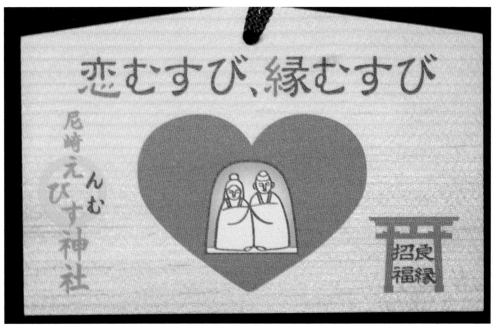

図13-19　尼崎えびす神社の絵馬

　大阪府交野市にある磐船神社は奈良県生駒市との境界近くにあります。河上哮ヶ峯にあります。天照国照彦 天 火 明 櫛玉饒速日 尊を御祭神としています。

　御祭神は「天の磐船に乗りて天降りて、河内の國の河上の哮ヶ峯に坐す」と『先代旧事本紀』巻五に記されています。船の形に似たご神体の磐船があります。巨石で高さ約12m、長さ約12mです。ご神体の北側には巨石からなる岩窟があり、岩窟めぐりができます。絵馬は神社の紋章を記しています（図13-20）。

　宝塚市伊孑志の阪急今津線の逆瀬川駅近くにある伊和志津神社にも神社の社紋を描いた絵馬があります（図13-21）。

　兵庫県三田市にある三田天満宮には「順風満帆うまくいく」と記した絵馬があります（図13-22）。

　三田天満神社に祈願をして、合格した場合には感謝の絵馬を納めるのが良いようです（図13-23）。

図13-20　大阪府交野市にある磐船神社の絵馬

図13-21　兵庫県宝塚市にある伊和志津神社の絵馬

図13-22　三田天満宮の絵馬

図13-23　三田天満神社の絵馬

　大阪市西淀川区にある田蓑神社の絵馬の一つですが、これには残念ながら神社名がありません。同じ絵馬はあちらこちらの神社にあるのでしょう（図13-24）。

図13-24　田蓑神社の絵馬

　川越氷川神社の絵馬の一つは文字を書いていました。勝の字の一部「力」だけが赤字になっています（図13-25）。

図13-25　埼玉県川越氷川神社の絵馬

川越市の仙波東照宮の絵馬は何故か川越八幡宮に置かれていました。葵の紋が描かれていました（図13-26）。

図13-26　川越市にある仙波東照宮の絵馬

　JR垂水駅から見えるところに海神社があり、訪れました。「綿津見神社」とも言われるそうです。主祭神は上津綿津見神、中津綿津見神、底津綿津見神の三神です。神功皇后が三韓征伐からの帰途、当地の海上で暴風雨が起こって船が進めなくなったため、皇后が綿津見三神を祀ると暴風雨が治まり、その縁でこの地に綿津見三神を祀る社殿を建てたのが始まりとされています。
　絵馬は「祈」の字と神社名だけのものでした（図13-27）。

　大阪市大正区三軒家にある八坂神社は正保4（1647）年に、京都祇園の八坂神社から御分霊を勧請したのが始まりです。絵馬には社紋を描いています（図13-28）。

　水戸東照宮は元和7（1621）年に創建され、現在御祭神は家康公と初代藩主徳川頼房公です。JR水戸駅から徒歩10分以内の場所にあります。大鳥居は金色に彩色されています。絵馬には三つ葉葵の紋を描いています（図13-29）。

　偕楽園の横にある常磐神社の絵馬の一つは末社の水神社の絵馬で祐気昇運と書かれ

図13-27　神戸市垂水区にある海神社の絵馬

図13-28　大阪市大正区にある八坂神社の絵馬

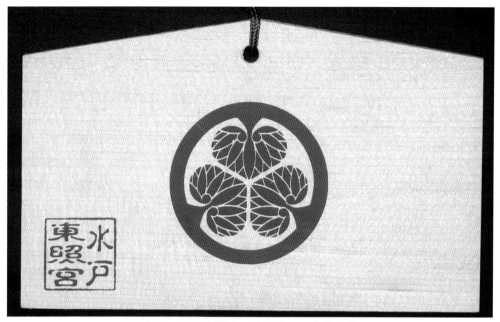

図13-29　水戸東照宮の絵馬は三つ葉葵を描く

ています（図13-30）。

　常磐神社は偕楽園内に明治６（1873）年に創建され、光圀公と徳川斉昭公を祀っています。常磐神社の絵馬には三つ葉葵の紋が描かれています（図13-31）。

図13-30　常磐神社の絵馬の一つは末社の水神社の絵馬

図13-31　常磐神社の絵馬は三つ葉葵を描く

14　だるまを描いた絵馬

　大阪市西区立売堀にあるサムハラ神社の絵馬の一つは「だるま」さんを多数描いたものでした（図14-1）。同じ図柄の絵馬は以前にも掲載したことがあります。

図14-1　サムハラ神社の絵馬

　浜松市にある五社神社は浜松駅から比較的近いところにあります。絵馬は「だるま」を描いていました（図14-2）。

図14-2　浜松五社神社の絵馬

　四日市市にある諏訪神社の合格祈願の絵馬はダルマさんを描いています。目の部分が白いので、合格すると黒い色を塗るのかもしれません（図14-3）。浜松五社神社ではダルマさんの目は初めから黒くなっています。

図14-3　四日市市にある諏訪神社の絵馬

　兵庫県三田市三輪にある三輪神社の絵馬は神社名のない絵馬だったので、表に神社印を押して頂きました（図14-4）。サムハラ神社の絵馬と全く同じ図柄であることがわかります。

図14-4　兵庫県三田市にある三輪神社の絵馬

高槻市にある上宮天満宮の開運、厄除けの絵馬はダルマを描いています（図14-5）。

図14-5　大阪府高槻市にある上宮天満宮の絵馬

15 宝 船

住吉大社には幾つかの絵馬があり、宝船を描いたものもあります（図15-1）。

図15-1　住吉大社の絵馬の一つは宝船を描く

サムハラ神社にも宝船を描いた絵馬があります（図15-2）。

図15-2　サムハラ神社の絵馬

南紀白浜には白浜美術館があります。ここに入場すると歓喜神社に参拝できます。白浜美術館はヤブユム像と呼ばれる男神、女神の結合像をはじめ奇怪な姿を描いたラマ教尊像など密教秘仏を多数展示しています。それに因んだ歓喜神社の宝船の絵馬は少し変わっています（図15-3）。

図15-3　南紀白浜にある歓喜神社の絵馬

　尼崎えびす神社の絵馬の一つに宝船を描いたものがあります。参拝したのは丑年でしたが、乗船しているのは虎でした（図15-4）。

図15-4　尼崎えびす神社の絵馬の一つ

図15-5　図15-4の裏面に神社名が記されています

　滋賀県高島市にある白鬚神社は全国にある白鬚神社の総本社です。琵琶湖畔、湖水中に鳥居があることから「近江の厳島」とも称されています。創建は垂仁天皇（第11代）25年に倭姫命によって社殿が建てられたといいます。また白鳳2（674）年には、天武天皇の勅旨により「比良明神」の号を賜ったと伝えられます。ご祭神は猿田彦命です。絵馬は宝船を描いています（図15-6）。この絵馬は職員の一人から頂きました。

図15-6　高島市にある白鬚神社の絵馬

岡山神社の創建は貞観年間といいます。現在の岡山城の場所にあったものが、宇喜多直家が岡山城を築くに当たって、城の傍の現在地に遷座したといいます。ご祭神は大吉備津彦命、ほか六神です。寅年の絵馬で宝船を描いたものです（図15-7）。

図15-7　岡山神社の絵馬

　三重県名張市にある杉谷神社は近鉄大阪線名張駅からはかなり遠い所にあり、かなり辺鄙な場所にあります。絵馬の一つは宝船を描いていました（図15-8）。

図15-8　名張市にある杉谷神社の絵馬

　大阪府高槻市にある上宮天満宮はJR高槻駅から北に5,600mぐらいの日神山にあ
ります。2番目に古い天満宮ということで創建は正暦4（993）年ということです。
「宿禰塚古墳」もあります。野見宿禰縁の場所です。絵馬の一つは宝船を描いていま
す（図15-9）。

図15-9　大阪府高槻市にある上宮天満宮の絵馬

　昔、丹後一宮である籠（この）神社を訪れた時に目にしたのが元伊勢の文字でした。元伊勢とは？　と思っていたのですが、調べてみることにしました。現在、伊勢神宮には内宮に皇大神宮（天照大御神）が、外宮には豊受大神宮が祀られています。なお、伊勢神宮は正式には「神宮」とのみ記されます。元伊勢とは、両大神宮が現在地に祀られる以前に、一時的に祀られた場所を言います。

　第10代崇神天皇の時代までは、天照大御神は天皇と「同床共殿」であったとされています。それまでは皇居内で祀られていたのですが、理想的な場所に祀ることにしたそうです。皇女「豊鋤入姫命（とよすきいりひめのみこと）」に託され、最初は大神神社の摂社である檜原神社（現在の奈良県桜井市三輪）に祀られたようですが、更に理想的な鎮座地を求めて、現在の奈良県、大阪府、京都府、和歌山県、岡山県、広島県などを転々とし、次の倭姫命（やまとひめのみこと）に引き継がれます。なお、丹波国（京都府）では現在の籠神社の摂社真名井神社もその一つです。またまた遍歴がはじまります。奈良県、三重県の伊賀地方、滋賀県の近江地方、岐阜県、ついで三重県の桑名市、亀山市、松阪市、そして伊勢市に落ち着きます。90年に及ぶ遍歴です。元伊勢は以前には二十数カ所とされていましたが、現在では六十数カ所を超えるとされています。全て伝承です。

　豊受大神宮は丹波国に始まり、摂津国（現吹田市）、ついで伊勢市の現在地となります。丹波国では現在の籠神社の摂社真名井神社もその一つです。ここには内宮、外宮どちらの大神宮も一時期祀られたことになります。

　福知山市大江町内宮には皇大神社があります。伊勢神宮より54年前に創建されています。ここには黒木の鳥居があります。黒木の鳥居とは樹皮を付けたまま鳥居としたもので、他には伊勢神宮しかありません。珍しいものです。また、福知山市大江町天田内には豊受大神社があります。テレビでは両社とも目にしたことがありますが、一度参拝したいと思っています。

16 神社の行事に関連した絵馬

　池田市にある八坂神社を訪れましたが、このときは初宮参りの絵馬しかありませんでした（図16-1）。

図16-1　池田八坂神社の絵馬

　泉佐野市にある意賀美神社は神職が不在で、絵馬掛けの絵馬を写しました。その一つが初宮参りの絵馬で馬に子供が跨がっている図でした（図16-2）。

図16-2　泉佐野市にある意賀美神社の絵馬の一つ（絵馬掛けから）

池田市にある久安寺は阪急電車の池田駅から猪名川に沿って上流の方にかなり行った場所にあります。花の寺として有名なのですが、訪れたのが９月の小雨が降る日で、その上庭園では工事が行われているという状態のために、庭園の鑑賞は諦めることになり、残念でした。絵馬も七五三の絵馬しかなく、これも残念でした（図16-3）。

図16-3　池田市にある久安寺の絵馬

17 人物を描いた絵馬

　水無瀬神宮は後鳥羽天皇の離宮の跡に建立されました。大阪府島本町にあります。承久の乱で隠岐に流され、そこで死去した後鳥羽上皇の遺勅に基づき、仁治元（1240）年離宮の跡に御影堂を建立し、上皇を祀ったことに始まります。御祭神は82代後鳥羽天皇、83代土御門天皇（後鳥羽天皇第1皇子）、84代順徳天皇（後鳥羽天皇第3皇子）です。江戸時代まで仏式でしたが、明治6年神社に制定されました。昭和14（1939）年水無瀬神宮となりました。大阪府下で唯一の神宮です。境内には名水があり、水を汲みにくる人もいました。絵馬には後鳥羽天皇が離宮に行幸した際に、離宮から眺めた景色を詠んだ和歌「見渡せば山本かすむみなせ河夕べは秋と何思ひけむ」が記されています（図17-1）。

図17-1　水無瀬神宮の絵馬の一つで後鳥羽天皇？を描く

　三石神社は神戸市兵庫区和田岬にあります。神戸市地下鉄海岸線の和田岬駅を下車してすぐ近くにあります。三石神社の御祭神は神功皇后、天照皇大神、素盞鳴大神です。神功皇后が摂政元（201）年、海より凱旋の帰途、和田岬に上陸し三ツ石を建てて神占いをした結果、廣田（西宮市）、生田、長田（神戸市）、住吉（大阪市）の神々をその地に祀らしめた儀式の場です。絵馬には神功皇后が描かれています（図17-2）。

図17-2　三石神社の絵馬は神功皇后を描いています

芦屋神社の合格祈願の絵馬は那須与一？を描いています（図17-3）。

図17-3　芦屋神社の合格祈願の絵馬

　沙沙貴神社は滋賀県近江八幡市にあります。JR琵琶湖線安土駅から徒歩15分ぐらいのところです。宇多源氏、近江源氏とも呼ばれる佐々木氏の氏神ともされる神社で、少彦名神、大毘古神、仁徳天皇、宇多天皇、敦実親王の四座五柱の神々を佐々木大明神と称しています。創建は神代です。絵馬には馬上の佐々木高綱公を描いています（図17-4）。

図17-4　沙沙貴神社の絵馬

　山内神社は高知市鷹匠町にあります。山内一豊公・同夫人以下歴代藩主を祀る神社です。絵馬には人物が描かれていますが、人名がありません。神社で尋ねるのを忘れました。推測ですが、豊信公（容堂公）かと思われます（図17-5）。もう一つの絵馬には「やなせたかし」の署名入りで一豊くんと千代ちゃんが描かれています（図17-6）。

　兵庫県淡路市にある松帆神社は楠木正成公縁の神社で、御祭神は応神天皇です。応永6（1339）年の創建のようです。絵馬には楠木正成公を描いています（図17-7）。

　松帆神社の入り口には大神亀が一対向かい合わせに設置され、地元の人からは「狛亀さん」として親しまれているといいます。口は阿吽になっていました。社殿近くには狛犬も設置されています。

図17-5　山内神社の絵馬。藩主の一人を描く。容堂公でしょうか？

図17-6　山内神社の絵馬。一豊くんと千代ちゃんを描く

図17-7　淡路市にある松帆神社の絵馬は楠木正成公を描く

　自凝島神社は南あわじ市にあります。大きな鳥居が目印になります。21.7ｍの高さがあります。御祭神は伊弉諾命、伊弉冉命の２柱です。絵馬には当然の如く、二神を描いています（図17-8、図17-9）。

図17-8　自凝島神社の絵馬

図17-9　自凝島神社のえんむすびの絵馬

コラム7　日本の風景：外国人の視点

　CNN ウェブサイト「日本の最も美しい場所31選」というのを見ると下記のように
なっています。

　　1　厳島神社（広島県）

　　2　国営ひたち海浜公園（茨城県）

　　3　八方池（長野県）

　　4　河内藤園（福岡県）

　　5　元乃隅稲成神社（山口県）

　　6　那智の滝（和歌山県）

　　7　蔵王温泉スキー場（山形県）

　　8　近鉄・別府ロープウェイ（大分県）

　　9　松本城（長野県）

　10　白谷雲水峡（鹿児島県、屋久島）

　11　高谷池（新潟県）

　12　毛越寺（岩手県）

　13　嵯峨野（京都府）

　14　小樽雪あかりの路（北海道）

　15　宇佐神宮（大分県）

　16　大山（鳥取県）

　17　鳥取砂丘（鳥取県）

　18　ラベンダー畑（北海道）

　19　西明寺（滋賀県）

　20　洞爺湖（北海道）

　21　五箇山、合掌造り（富山県）

　22　屈斜路湖（北海道）

　23　井仁の棚田（広島県）

　24　姫路城（兵庫県）

　25　地獄谷野猿公苑（長野県）

　26　白馬村（長野県）

　27　足立美術館（島根県）

　28　蘇洞門（福井県）

29　富士芝桜まつり（山梨県）

30　仙巌園（鹿児島県）

31　金閣寺（京都府）

　1位が厳島神社となっています。海から見ても、境内に入ってみても素晴らしい場所です。松本城が9位で、姫路城が24位となっています。どちらも国宝で、美しいお城ですが、私には姫路城の方が上ではないかと思われます。

　私が訪れていない場所もかなりあります。国営ひたち海浜公園、八方池、河内藤園、元乃隅稲成神社、白谷雲水峡、高谷池、小樽雪あかりの路、ラベンダー畑、五箇山、井仁の棚田、地獄谷野猿公苑、白馬村、蘇洞門、富士芝桜まつりなどです。小樽は訪れていますが、雪の季節には行ったことがありません。雪の季節には訪問しないことにしているからです。蔵王も訪れていますが、雪の季節ではありません。私は幼少時に秋田県の現在由利本荘市となっている町で暮らしていたことがあります。雪の比較的少ない地域でしたが、冬に天候の悪い日が続くと悲惨でした。タンパク源の魚はほとんど手に入らないのです（干物や漬け物はあります）。交通も途絶します。従って、職業柄、冬に雪の積もる地域には旅行をしないことにしていたのです。北海道のラベンダー畑は花が終わった時期にバスで通り過ぎたので、美しくはなかった記憶があります。西明寺は訪れていますが、日本を代表するような場所かどうかは疑問が残ります。屋久島のような離島も職業柄訪れにくいのです。診療に穴を開けることは避ける必要があるからです。病院勤務のときに、夏休みをとって子供づれで鹿児島に旅行をしたことがあります。平成5（1993）年8月6日のことです。豪雨に遭って、宿泊していたホテルにも戻れず、翌日になっても、鉄道も、道路も寸断された状態になり、このときには、大変な苦労をして期日内に大阪に帰り着くことができて、ほっとした記憶もあります。医者は診療に穴を開けるのを避ける必要があるのです。

その他の絵馬

　これまでの分類に入らない絵馬を記します。

　但馬一宮の出石（いずし）神社は兵庫県豊岡市出石町にあります。『日本書紀』によると新羅
国の皇子天日槍命（あめのひぼこのみこと）が日本に渡り、泥海であった但馬の岩山を開いて濁流を日本海へ
流し、国を開拓したとされています。その様子を描いた絵馬と思われます（図18-1）。

図18-1　但馬一宮の出石神社の絵馬

図18-2　泉佐野市にある航空神社の絵馬

大阪府泉佐野市には関西空港があるのですが、航空神社というのもあります。その絵馬は当然飛行機を描いています（図18-2）。

　赤間神宮は40年以上前に訪れていますが、当時は絵馬には関心がなく、絵馬を拝受していません。ところが、下関在住の先生から赤間神宮の絵馬と元乃隅神社の絵馬を送って頂きました。感謝、感謝です。

　赤間神宮は下関市阿弥陀寺町にあります。阿弥陀寺は貞観元（859）年に設立されています。文治元（1185）年の壇ノ浦の戦いで入水した安徳天皇を祀る御影堂が勅命により建久2（1191）年に建立されました。平家一門の供養塔もあります。小泉八雲の『耳なし芳一』の話でも有名ですし、「芳一堂」もあります。明治の廃仏毀釈、神仏分離により阿弥陀寺は廃止され、神社となり、昭和15（1940）年に赤間神宮となりました。絵馬には水天門と貴人？と米俵とネズミが描かれています（図18-3）。

図18-3　下関市にある赤間神宮の絵馬

　元乃隅神社の絵馬は前記のごとく、知人から送って頂いたものです。山口県長門市にある神社で旧称は元乃隅稲成神社です。昭和30（1955）年に建立されたものです。

　現在の名称になったのは2019年からとのことです。2015年3月にアメリカの放送局CNNが発表した「日本の最も美しい場所31選」に選ばれています（コラム7参照）。奉納された123基の朱色の鳥居が並んでいます（図18-4）。

図18-4　元乃隅神社の絵馬

　佐嘉神社の合格祈願の絵馬は反射炉とカノン砲（日本初の鉄製大砲）を描いています（図18-5）。

図18-5　佐賀市にある佐嘉神社の絵馬

兵庫県川西市にある多田神社は多田源氏縁の神社です。

西野亮廣（にしのあきひろ）（1980年7月3日生まれ）は兵庫県川西市の出身で、漫才師「キングコング」の一人です。絵本作家としても有名です。多田神社で絵本の展示会を開いたとのことで、絵本に関連した絵馬が作られています（図18-6）。『えんとつ町のプペル』が有名です。

図18-6　多田神社の絵馬。西野亮廣の絵本の絵を描いている

松阪神社の絵馬の一つに天狗の面を描いたものもあります（図18-7）。

図18-7　松阪神社の絵馬の一つ

　津市にある恵日山観音寺の絵馬の一つは劇画の一部でしょうか、戦闘の一部を描いているようです。「なむあみだ仏」と書かれています（図18-8）。

図18-8　津市にある恵日山観音寺の絵馬

　三重県松阪市にある松阪神社の絵馬の一つは巫女さんが、踊りを奉納している様を描いたものと思われる絵柄でした（図18-9）。

図18-9　三重県松阪市にある松阪神社

大阪の生国魂神社にはいくつか摂末社がありますが、浄瑠璃神社の絵馬は生玉社の段を描いています（図18-10）。落語の世界では彦八まつりが、生国魂神社で行われています。発祥の地としての絵馬もあります（図18-11）。

図18-10　生国魂神社の摂社の一つ浄瑠璃神社の絵馬

図18-11　生国魂神社の絵馬の一つ

護国神社は全国各地にあり、全国に52社あります。兵庫県も神戸市以外に、播磨の姫路市に護国神社があります。姫路城下、姫山の麓にご鎮座していることから白鷺宮護国神社として親しまれているとのことです。明治元年の戊辰の役以来国難に殉じた郷土のご神霊をお祀りしています（図18-12）。

図18-12　兵庫縣姫路護國神社の絵馬

三重県護国神社は津市にあります。絵馬の一つに「健やか祈願」の絵馬を示します（図18-13）。

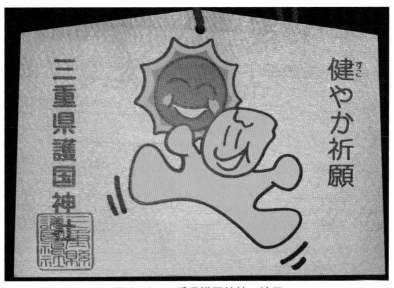

図18-13　三重県護国神社の絵馬

唐津神社は文治２（1186）年に社殿が創建されたといいます。慶長年中（1602または1606年）に寺沢氏（唐津城主）が当神社を再建したといいます。主祭神は住吉三神、神田宗次公です。絵馬は祈願絵馬と書かれています（図18-14）。

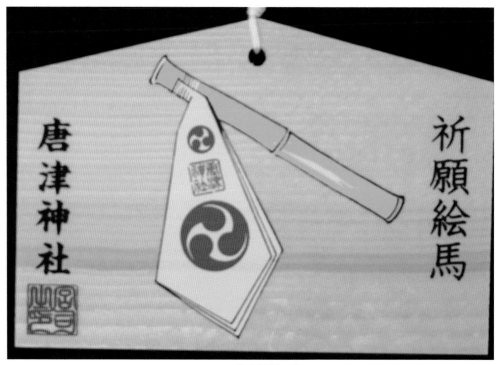

図18-14　唐津神社の絵馬

　伊居太神社は池田市綾羽にあります。五月山公園や五月山動物園の傍にあります。応神天皇の時代、呉の国から呉服媛と穴織媛が池田に迎えられました。主祭神は穴織大明神、応神天皇、仁徳天皇です。穴織媛が仁徳天皇76年に死去し、翌77年に仁徳天皇により祀られたとされています。延暦４（785）年、桓武天皇の勅命により社殿をあらたにし、応神天皇、仁徳天皇を祀るようになりました。本殿は慶長９（1604）年、豊臣秀頼により再建、全国唯一の千鳥唐破風寄棟造りの三社造となっています。池田市最古の神社です。絵馬には二人の女性が描かれていますが、おそらく呉服媛と穴織媛と思われます（図18-15）。

　阪急電鉄宝塚線池田駅のすぐ近くに呉服神社があります。呉服神社は呉服媛を祀る神社です。絵馬には機織りに因んだ絵が描かれています（図18-16）。伊居太神社を「上の宮」、呉服神社を「下の宮」とするようです。化粧絵馬なるものもあり、女性の顔が描かれています（図18-17）。絵馬に化粧を施す方法も図示されていました。

図18-15　大阪府池田市にある伊居太神社の絵馬

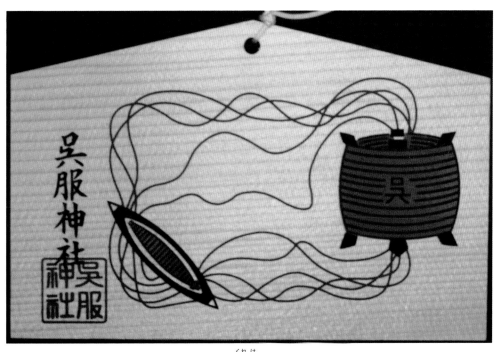

図18-16　呉服神社の絵馬

図18-17　呉服神社の化粧絵馬

　兵庫県加古川市に日岡神社はあります。境内も広く、立派な神社です。創建は不詳です。一説に天平2（730）年と言います。主祭神は天伊佐佐比古命です。そして吉備津彦命のことかともいわれています。日岡陵古墳（前方後円墳）は第12代景行天皇皇后稲日大郎姫命の陵とされています。境内は日岡山の南麓に位置しています。天伊佐佐比古命が七日七晩祈願され、稲日大郎姫命は大碓命・小碓命（後の倭建命）の双生児を無事出産されました。現在安産の神様として知られています。絵馬には二人が産湯を使っている図が描かれています（図18-18）。

図18-18　加古川市にある日岡神社の絵馬

　川越氷川神社には人物を描いた絵馬もありました。画家の手によるものです（図18-19）。

図18-19　川越氷川神社の絵馬

　岡山県岡山市にある岡山神社の絵馬は赤ちゃんを描いています（図18-20）。

図18-20　岡山神社の安産祈願の絵馬

芦屋神社の「えんむすび」の絵馬は男女の雛人形？を描いています（図18-21）。

図18-21　芦屋神社の「えんむすび」の絵馬

　野見神社は阪急電鉄高槻市駅から南へ歩いて５分ぐらいのところにあります。創建は宇多天皇御宇（887〜897年）のころ悪疫が流行し、牛頭天王を祀ったのが始まりとされています。明治元年神仏分離令により、牛頭天王は須佐之男命と名前を変えて、さらに野見宿禰命を合祀して、野見神社と名前を変えたということです。野見宿禰命は、土師連の始祖とされる相撲の神様です。出雲の国から召された野見宿禰が大和の国当麻の地にいた勇猛を誇る当麻蹴速を相撲で倒したとされています。土師連からは後の菅原道真や大江匡房など平安時代の学者達を排出しています。本殿は天和２（1682）年の建築です。境内には旧高槻城主永井家の藩祖を祀る永井神社もあります。絵馬には相撲を描いています（図18-22）。

　茨城県牛久市にある牛久大仏の絵馬の一つには男女を描いたものがあります（図18-23）。

　筑波山神社の絵馬の一つには「えんむすび」の絵馬があり、紐で結んでいます（図18-24）。

図18-22　大阪府高槻市にある野見神社の絵馬

図18-23　牛久大仏の絵馬

図18-24　筑波山神社の絵馬の一つ

おわりに

『続々　社寺を参拝して、絵馬コレクション』には猫を象った絵馬、ふとん太鼓を象った絵馬、本を開いた形の絵馬（生田神社）、兎の顔を象った絵馬など珍しい形の絵馬を掲載することができました。植物を描いた絵馬では桜や梅が多いのですが、なぜか「さざんか」や「すずらん」を絵馬に描く東京大神宮、社寺に因んだ植物として菖蒲（平安神宮）、ぼたん（長谷寺）、シャクナゲ（室生寺）、藤（葛井寺）、ばら（おふさ観音）、あじさい（三室戸寺）、椿（南宮大社、白毫寺、奈良県護国神社）などを掲載してきました。今回は新たに茄子（奈加美神社）、ハイビスカス（与論地主神社）、南天（泊神社）、楓（龍田大社）、萩（梨木神社）などを加えることができました。動物ではパンダを描いた絵馬はあり得ないと思っていましたが、白浜の歓喜神社の安産・子宝祈願の絵馬に描かれていました。白浜のアドベンチャーワールドではパンダの子供が沢山生まれていることに因んで描かれたのでしょう。神功皇后は多くの神社で祀られているのですが、ほとんど絵馬には描かれていません。藤森神社に鮎占いの絵馬がありますが、今回は三石神社祭神として描かれたものがありました。

　多くの社寺を参拝していると、ときに新しい絵柄が見付かり、一人で喜んでいます。これからも『続々々　社寺を参拝して、絵馬コレクション』を発刊すべく頑張るつもりです。

　ご笑覧頂ければと存じます。

令和5年3月吉日

東　禹彦

索引

東　禹彦（ひがし　のぶひこ）

昭和30年３月　大阪府立八尾高校卒業
昭和37年３月　大阪市立大学医学部卒業
昭和38年４月　大阪市立大学医学部皮膚科
昭和47年１月　関西医科大学皮膚科助教授
昭和54年９月　堺市立堺病院皮膚科部長
平成８年10月　市立堺病院副院長兼皮膚科部長
平成14年４月　東皮膚科医院（堺市堺区永代町1-1-6）院長
平成22年４月　東皮膚科医院（名誉院長）

皮膚科関係の著書は多数
『社寺を参拝して、絵馬コレクション』（東京図書出版）
『続　社寺を参拝して、絵馬コレクション』（東京図書出版）

続々　社寺を参拝して、絵馬コレクション

2023年５月21日　初版第１刷発行

著　者　東　禹彦
発行者　中田典昭
発行所　東京図書出版
発行発売　株式会社 リフレ出版
　　　　　〒112-0001　東京都文京区白山 5-4-1-2F
　　　　　電話 (03)6772-7906　FAX 0120-41-8080
印　刷　株式会社 ブレイン